首都金融发展研究文库

金融国际化人才培养研究

◎高杰英　郝思源/编著

JINRONG GUOJIHUA RENCAI PEIYANG YANJIU

首都经济贸易大学出版社
·北京·

图书在版编目（CIP）数据

金融国际化人才培养研究 / 高杰英，郝思源编著．—北京：首都经济贸易大学出版社，2017.9

ISBN 978－7－5638－2712－1

Ⅰ．①金…　Ⅱ．①高…　②郝…　Ⅲ．①国际金融—人才培养—研究—中国　Ⅳ．①F832 ②F831

中国版本图书馆 CIP 数据核字（2017）第 232857 号

金融国际化人才培养研究
高杰英　郝思源　编著

责任编辑　春　杨
封面设计　小　陈
出版发行　首都经济贸易大学出版社
地　　址　北京市朝阳区红庙（邮编 100026）
电　　话　（010）65976483　65065761　65071505（传真）
网　　址　http：//www. sjmcb. com
E－mail　publish@cueb. edu. cn
经　　销　全国新华书店
照　　排　北京砚祥志远激光照排技术有限公司
印　　刷　人民日报印刷厂
开　　本　710 毫米×1000 毫米　1/16
字　　数　214 千字
印　　张　12. 5
版　　次　2017 年 9 月第 1 版　2017 年 9 月第 1 次印刷
书　　号　ISBN 978－7－5638－2712－1/F・1512
定　　价　40. 00 元

图书印装若有质量问题，本社负责调换

序

金鸡报晓，揭开了中国经济发展的新篇章，也开启了中国金融业发展的新旅程。

在“一带一路”走出去、资本管制不断放开的战略背景下，中国的金融市场将会有更前沿的金融技术、更广泛的金融产品创新和更全面的普惠金融体系；中国金融市场将会有更严格的金融监管、更富特色的绿色金融和更精准的金融扶贫；中国将会设立更多的国际金融机构，与本国金融机构实现更深层次的国际发展；人民币将成为重要的国际储备货币。金融业国际化程度的提升对国际金融人才培养提出了更高的要求。金融业需要火箭科学家的计算能力、需要广博的财经人文历史知识、需要高超的表达交流沟通能力、需要理性冷静的交易头脑和坚韧不拔的毅力。国际金融人才在此基础上还要叠加多语种的操控能力以及多文化的理解感悟力，人才培养任重道远。

经历了近40年的发展，首都经济贸易大学金融学科成为北京市重点学科，金融学专业被评为北京市品牌专业和北京市特色专业，金融学院被认定为北京市金融人才培养支持基地，拥有博士、硕士（含专业硕士）学位授予权。在厚实的专业建设基础上，金融学院依旧砥砺前行，努力为北京国际化大都市培养具有国际视野的高层次应用型金融人才，努力为“一带一路”倡议下中国金融深层次开放培养国际金融人才。

在学校本科人才国际化发展战略指导下，近年来金融学院不断引进具有国际学历背景的青年教师、鼓励资深教师出国访学交流，不断拓展本、硕、博各个层面的国际交流项目，以适应不断开放的社会经济发展和国际金融人才培养的需求，不断提升金融专业建设的国际化水平。2016 年国际金融专业单列招生，核心专业课程采用全英文授课的人才培养模式得到了社会的普遍认同，生源质量在学校名列前茅。

金融专业不仅仅是招分高、就业好的“烫金”专业，更是激人奋进、不断向上的“高冷”专业。金融学子只有经历“金融民工”的磨砺才能在国际金融人才市场中占得一席之地，成为在全球风险与收益中冷静抉择的金融家。

首都经济贸易大学金融学院致力于金融人才的培养，埋头金融专业建设，为北京市和全国 20 多个省（市、自治区）输送研究生、本科生 7 000 余人。随着北京国际化程度的不断提高，他们中的一部分会成为国际金融领域的中流砥柱。

《金融国际化人才培养研究》是金融学院全体教师对国际化金融人才培养、金融专业建设和教育教学改革方面有益探索的一本论文集。在中国金融业蓬勃发展的历史机遇中，金融学院在国际化金融人才培养方面将会更具特色、更有成效！

首都经济贸易大学副校长
王传生
2017 年 8 月

目　录

2016年金融学院教学管理工作总结

高杰英　郝思源[①]

随着首都经济贸易大学全面深化综合改革的逐步推进，金融学院在学校党委的正确领导下，围绕学校的各项中心工作，以建设“国内一流、国际知名财经大学”为目标，以“本科教学工程”为抓手，深化改革，创新机制，扎实提高人才培养质量，传承“服务学生，成就学生”的工作方针，坚持“学科立系、师资兴系、科研强系、管理促系”的工作思路，深化金融学院学科专业建设和改革，强化内涵建设，突出重点，广聚智力，做实工作。

2016年，全院共有本科生1 043人（含休学13人），专职教师52人，本科教学相关服务及管理工作有序开展。

第一，做好2016年招生宣传工作。修订报考指南和招生宣传彩页，通过制作“教授带我挑专业”、历年招生分数以及手机APP、微信宣传、网站等新举措提高学院影响力，保证生源质量。2016年，金融学院本科生录取229人，双培生到培养学校报到57人。其中，金融学72人（含双培生17人），金融学（国际金融英文班）30人，投资学46人（含双培生16人），金融工程学30人，保险学（保险精算）51人（含双培生24人）。

第二，做好学生毕业和学位授予工作，及时准确完成教育部学年学籍电子注册工作。认真完成2012级本科生毕业工作，审核毕业生260人，249人符合毕业条件，11人延长学籍。

第三，2016年，学院通过组织报名、资格审核、计算综合排名、公示考核名单和考核安排、组织面试、公示上报考核结果，撰写及提交工作报告等

---

① 高杰英（1971—），首都经济贸易大学金融学院教授，研究方向：商业银行、货币政策；郝思源（1988—），首都经济贸易大学金融学院教学秘书，研究方向：教学管理。

一系列环节，开展优秀毕业生推荐免试工作，共推荐优秀毕业生 15 人。

第四，推动落实听课制度、课堂教学准入制度以及教学奖励制度，增设“本科教学贡献奖”，着力提升课堂教学质量。全方位落实学院领导、系主任以及新教师听课制度。学院领导及系主任每学期听取部分课程并反馈听课结果，新教师在入职的第一、二学期应听取有授课经验教师的相应课程，提高授课质量。进一步推进专业课程综合改革，各系推出一门综合改革课程，采用“启发式”和“任务驱动式”等先进的教学方法以及教学评价改革创新，培养学生独立思考和创新思维。

第五，完成全日制本科优秀新生转专业工作。完善全日制本科优秀新生转专业操作流程，通过报计划、资格审核、公示考核安排、解答考核相关问题、公示和上报考核结果、撰写和提交报告各环节，做到公开、公平和公正，实际接收转专业学生 51 人。

第六，教学计划顺利执行。做好课程安排工作、课程调停管理、英语四、六级考试以及期末考试安排、试卷管理、学分转换和学籍管理等相关工作。

总体来说，经过全院师生的共同努力，学院的教学工作稳定有序，教学管理稳扎稳打，教学任务顺利完成。通过学院单周的教师返校大会、学院信息化平台、短信平台、微信群、飞信、QQ 群、学院微信公众号等多种通信方式和网络平台布置教学任务，发布教学通知，促进教学运行，稳中有序地完成教学的各项相关工作。

现将 2016 年金融学院教学管理改革工作总结如下：

一、人才培养模式多样化

金融学院为打造复合型人才，优化专业结构与布局，构建立体化的教学体系，采用“课堂教学＋社会实践＋创新能力”的差异化、特色化人才培养模式。同时，随着时代的发展、社会的进步以及环境的变化，不断对人才培养方案进行修订和完善。学院认为，在人才培养方面我们要顺应国际潮流，结合自身条件和专业特色，走开放性、自主性的路线。在学生培养过程中，一方面，加强互动实践环节，让学生，尤其是实验班和国际班等重点培养的特色班学生，能够在实践中形成自问自学、导师点拨的学习模式。另一方面，各系教师积极参与学生培养方案的制定，增加了教师的自主权，提高了教师的工作积极性，也鼓励了教师在教学模式和教学内容上进行创新和改革，以满足学生多样化的需求。

1. 人才培养的经费支持

经过不断的建设和积累，金融学院人才培养的立体模式已经形成，增加了各专业对学生教育的自主权；同时，增加了多样化教学方法和教学模式，例如：微课、网络课程和微信公众号专业知识的推广等。这些新型的教学方法符合当今学生的特点和需求，成果较为显著。根据情况，学院教学经费稍作调整（见表 1），以此巩固和加强人才培养及专业建设工作。

表 1　金融学院教学经费支出

序号	项目	支出	成果
1	系专业建设	25 万元	金融系、国际金融系、保险系、投资系、金融工程系各系开展专业建设，包括团队建设、调查研究、课程体系建设和特色班特色建设等，形成各专业建设自评估报告
2	课程建设	5 万元	国际金融英文班的培养方案修订、教材统一申购和课程大纲及课程简介的编写等
3	实习基地建设	2.5 万元	新增金在（北京）金融信息服务有限公司、中煤时代资产经营管理有限公司，并签署实习基地协议，留校备案
4	专家、名师讲座	10 万元	本科生名师进课堂若干次，外请专家讲课若干次

2. 特色培养项目的实施

根据北京市教委人才交叉培养计划的不断推进，2016 年，金融学院深化发展“双培计划”招生人数及合作范围均有所扩大。在 2015 年与中央财经大学和对外经济贸易大学继续合作专业的基础上，新增加与对外经济贸易大学保险专业的双培生培养计划，同时，双培生的招生总数比 2015 年增加了 18.75%。

在人才培养上，双培学生数量的增加必然带来教师工作量的增加，但是学院仍然没有降低对双培生的师资支持，依旧配备专业导师，加强学院与双培生的联系，每学期进行双培生返校活动，增强教师与学生之间的沟通，使学生对母校老师因熟悉而缩小或消除师生之间的距离感，有问题可以随时沟通和联系，不会产生咨询障碍。同时，学院积极询问并汇总双培生生活和学习方面的困难与问题，及时向学校汇报，并通过学校、北京市教委与培养院校协商解决。

此外，2016 年金融学院新增招生专业金融学（国际金融英文班），该专业的招生主旨在于打造中国的“商学院”教学模式，教学计划独立安排，课程完全与国外高校接轨，设置 8 门全英文核心课程，教材全部使用最新的英文原版教材，全部本科课程由专业教师全英文授课，还增加了 Honor Thesis 的课时，从语言环境、授课方式和课程模式上，全方位与国外接轨。

3. 学生社会实践的成果

（1）大学生科研创新项目。为贯彻新的培养方案，提升学生专业实践能力，学院鼓励和支持学生积极参与科学研究、技术开发和社会实践等创新创业活动，提高学生的创新创业精神和实践能力。在新版人才培养方案中，学院特别提出了加强同金融行业社团机构、证券公司和银行等金融机构的合作，建立金融专业实践基地，强化专业实践教学，增加实验教学和专业实践教学时间，使学生熟悉金融实务操作，培养专业操作能力。同时，积极鼓励学生参与科学研究项目、技术开发和社会实践等创新创业活动，并配有专业教师予以指导，以提升学生的知识运用和实践能力。2016 年，金融学院本着学生自愿的原则，申报“首都经济贸易大学大学生科研与创新训练计划项目”16 项，包括重点项目 6 项，一般项目 10 项（见表2），其中，参与科研项目的学生 61 人，指导教师 10 人。

表 2　金融学院学生 2016 年申报大学生科研创新项目统计

排序	院（系）	项目信息				
		项目名称	项目所属一级学科	项目类型	重点/一般	规定/自选
1	金融学院	对北京限行房价影响因素的研究	经济学	创新训练项目	重点	自选

续表

排序	院（系）	项目信息				
		项目名称	项目所属一级学科	项目类型	重点/一般	规定/自选
2	金融学院	互联网金融信用风险改进方案	经济学	创新训练项目	重点	自选
3	金融学院	P2P网贷平台风险控制手段的调查与研究	经济学	创新训练项目	重点	自选
4	金融学院	供给侧视角下房贷与房价实证分析	经济学	创新训练项目	重点	自选
5	金融学院	蓝色金融发展情况与未来前景初探	金融学	创新训练项目	重点	自选
6	金融学院	我国影子银行的监管效率研究	经济学	创新训练项目	重点	自选
7	金融学院	校园甜品店创业项目研究	食品	创业训练项目	一般	自选
8	金融学院	再生银行	环境工程与物流管理	创业训练项目	一般	自选
9	金融学院	递+	物流管理	创业训练项目	一般	自选
10	金融学院	书店模拟运营项目	经济学	创业训练项目	一般	自选
11	金融学院	以支付宝为例的互联网金融研究	经济学	创新训练项目	一般	自选
12	金融学院	“闲茶纤果”养生茶果饮品店	经济学	创业实践项目	一般	自选
13	金融学院	资本主义经济危机对我国经济的启示	经济学	创新训练项目	一般	自选
14	金融学院	KMV模型视角下的商业银行风险度量——基于多元统计分析与GARCH波动模型	经济学	创新训练项目	一般	自选
15	金融学院	跨境股权众筹模式的案例研究	经济学	创新训练项目	一般	规定
16	金融学院	经济下行周期对我国银行信贷的影响及对策研究	经济学	创新训练项目	一般	自选

（2）其他学科竞赛及实践活动。以培养和训练大学生运用经济数学思维解决现实问题的美国大学生数学建模竞赛（MCM/ICM），是世界范围内较有影响力的国际数学建模竞赛。学院集中力量，组织专门教师进行数学建模培训，为学生扩宽思路、答疑解惑。2016 年，学院共有 29 组学生成功参赛，在金融学院美赛建模负责人徐昕老师以及余颖丰、谢飞、徐新扩三位老师的指导下，有 11 个小组获得 Honorable Mention 奖项，18 个小组获得 Successful Participant 奖项（见表 3）。

表 3　金融学院学生美赛获奖情况

获奖名单	获得奖项
袁　媛、孙　旋、杨颜媛	Honorable Mention
武文韬、郝欣宇、何佳婧	Honorable Mention
段悦斌、王子元、顾世瑞	Honorable Mention
魏　雪、伊芯慧、林　秦	Honorable Mention
李夏晴、梁湛瑶、张瑞琪	Honorable Mention
吴　桐、王子丰、张明楚	Honorable Mention
李宗谕、檀心彤、马　爽	Honorable Mention
张天翼、林　山、郭　捷	Honorable Mention
兰　宇、程静怡、刘　缇	Honorable Mention
范　海、李建业、蒋潮鑫	Honorable Mention
戴智宇、贾亚男、管梦茹	Honorable Mention
张云鹏等 18 组共 54 名	Successful Participant

此外，学生积极参加金融学院金融工程协会（AFE）组织的数学建模交流活动。通过学习交流，了解国内和国外的建模大赛以及一些实用的建模工具，使学生对于数学建模有了进一步了解，大大提高了学生参与数学建模的兴趣。

金融学院杨龙光老师组织学生参加“2016 年第一届全国高校互联网金融应用创新大赛”，参与学生 20 人，参赛队伍 7 支，指导教师 6 人。其中，王佳妮老师指导的参赛队伍获得全国优胜奖。赛前培训、比赛场景和获奖证书见图 1 ~ 图 3。

图 1　赛前培训

图 2　比赛场景

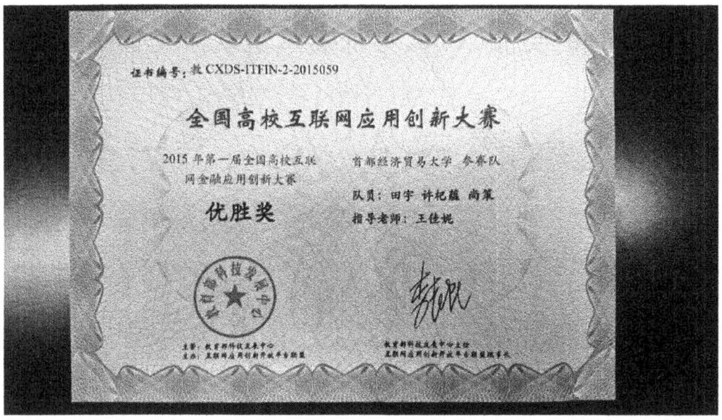

图 3　获奖证书

4. 实习基地建设

由于金融对经济的强烈渗透性，以及金融行业分布的广泛性，金融学专业的实习环节具有多元性和多层次性。为了更好地让学生熟悉企业，了解市场，金融学院本着理论联系实际，产、学、研相结合的一贯宗旨，加强校外实习基地建设，努力创造条件，安排学生到商业银行、证券公司、保险公司等金融机构实地考察实践，熟悉各类金融业务流程和操作技术。在原有实习基地（工商银行、中信建投证券等金融机构）建设工作的基础上，金融学院加大对外联系与合作，力争为学生提供更多更好的实践机会。截至 2016 年，学院共有 9 家实习基地，包括新增金在（北京）金融信息服务有限公司、中煤时代资产经营管理有限公司，并签署实习基地协议，留校备案（如表 1 所示），其中，中国人寿保险股份有限公司北京市分公司为校级实习基地。2016 年暑期，金融学院组织学生到工商银行北京分行进行实习，共有 68 名学生参加。此外，辅修金融学的会计学院、工商管理学院等学生，也可报名参加金融学院组织的实习，为跨专业、跨学科学生提供了复合型实践培养的机会，也为金融学院进一步建设实习基地并提升实习基地级别提供了良好基础。

5. 国际合作交流

为推动国际化人才培养模式创新，深化学院对国际班学生的培养改革，加强国际合作交流建设是金融学院长期坚持的工作。2016 年，金融学院新增美国密歇根大学交流项目并签订合作协议备忘录。2016 年，金融学院有 5 名学生参加 VIPP 项目，赴美国密歇根大学进行为期一年的交流，1 人赴美国波士顿大学进行为期一年的交流，4 人参加美国密歇根大学安娜堡分校的暑期交流项目。

2016 年 7 月 12 日，我国台湾淡江大学副校长胡宜仁携 15 名淡江大学保险系 EMBA 学生与金融学院保险系师生就两岸保险发展做学术研讨。

2016 年 5 月 20 日，美国阿尔玛学院 14 名美国学生在带队教师的带领下，到学院开展中美文化交流活动。学院学生志愿者与美国大学生开展文化交流座谈会、带领美方学生参观校园，并在次日参加与美国学生的自由活动、一对一的寄宿家庭活动，这次活动见图 4 ~ 图 5。

图 4　美国阿尔玛学院师生与金融学院学生举办交流活动

图 5　美国阿尔玛学院师生与金融学院师生合影

二、教学改革与专业建设

1. 金融学（国际金融英文班）的创新培养

在“走出去”战略引领下，金融人才培养也被赋予了更深刻的内涵和使命。随着国家深化培养国际化人才、创新人才培养模式的不断推进，金融学院引进国外“商学院”教学模式，成立金融学（国际金融英文班，以下简称“英文班”），以一种开拓创新的教育理念，开创性地将中西方教学相融合。

相对于传统金融学院各专业，国际金融英文班做出了如下创新：

（1）课程以大类设置，取消模块。英文班单独设置完全不一样的学生培养方案，取消模块设置，增加专业课、必修课的学分比例，专业选修课也以大方向授课，改变现有的专业划分过细、课程过于具体的现状，以此达到学生建立宏观性、方向性和整体性的知识体系的目的，同时有利于学生对专业知识的领悟，从整体上把握知识并进行梳理。

（2）难度增加，全英文授课教学。英文班设置了 8 门必修专业课，分别为：The Economics of Money，Banking and Financial Markets，Corporate Finance Ⅰ and Ⅱ，Investments，International Finance，Derivative Finance Instruments，Bank Management and Financial Service，Fixed Income Securities，Insurance and Risk Management。这 8 门专业课全部采用最新英文原版教材，由专业教师进行全英文授课，所有专业选修课也采用全英文授课的方式，在课件制作、上课语言、课后辅导、课程作业等方面，创造全英文语境。同时，课程内容难度增加，例如：从基本的宏微观经济学上升至中级宏微观经济学，增加金融计量学、金融计算机语言等专业性强的课程。

（3）增设课外课时。英文班在学时的安排上采用了国外的一些做法，即增加课外课时。首创 Honor Thesis 课时，专门为学生提供论文写作和科研方面系统性、长期性的培养和指导。同时，每门专业课增加 2 学分课后辅导和答疑的课时。

英文班的课程安排难度增加，全英授课等方面的调整，激发了每位教师的积极性和探索性，激励教师研究更好的教学方法吸引学生，同时，必修课比例加大，课程内容更难，水平更高，可以在学生自主学习能力欠佳的情况下倒逼学生不得不努力，增加课前预习、课后复习，充分利用课后答疑的时间，与教师之间形成良性循环。英文班的授课模式若获得良好的实践效果，也有利于将专业特色课程在全院范围内进行观摩和推广，以达到教学方法互通有无、专业共建的目的。

2. 教学改革成果显著

为更好地推进本科生教学工作，建立健全学院本科教学监控和管理，稳步提升教学质量，学院积极鼓励教师参与教学改革，并借此平台为学院的深化发展和教学水平提升提供助力。2016年，学院教学改革主要成果如下：

（1）教育教学成果奖获奖6项，其中，特等奖1项，二等奖5项（见表4）。

表4 金融学院教育教学成果获奖奖项

序号	单位	成果完成人	成果名称	获奖等级
1	金融学院	朱超、周晔、陈奉先、唐伟霞、赵然	“提前半步走”，以“半硕士”定位因材施教拔尖本科生的探索与实践	特等奖
2	金融学院	王苹、高杰英、王婉婷、赵大萍	“自主学习”理念下金融拔尖人才差异化培养实践	二等奖
3	金融学院	施慧洪、李新、巩云华、王佳妮、余颖丰	课堂、大赛及社团联贯机制探索——以证券投资课程为例	二等奖
4	金融学院	徐昕、谢飞、余颖丰、赵大萍	基于“4+1”的美国大学生数学建模竞赛教学培训模式研究	二等奖
5	金融学院	余颖丰	“微创”模式破解新兴学科筹建的“三性困局”：以量化金融学科建设为例	二等奖
6	金融学院	祁敬宇、孔祥毅、刘辉、常彪、郝思源	以专业课建设推进传统文化与德育教育之实践	二等奖

（2）校级双语（全英）示范课程申报成功3项（见表5）。

表5 金融学院示范课程

序号	单位	课程名称	课程负责人
1	金融学院	商业银行经营学（双语）	高杰英
2	金融学院	国际金融市场（英语）	余颖丰
3	金融学院	国际金融学（英语）	赵 然

（3）校级教改立项项目3项。其中，一般项目2项，青年项目1项（见表6）。

表6　金融学院教改立项项目

序号	项目名称	项目负责人	申报单位
1	我校本科推免研究生的“三维一体”衔接培养模式研究	陈奉先	金融学院
2	基于中国金融史课程的课堂教学效果提升研究与实践	祁敬宇	金融学院
3	学分制改革下的本科教学管理制度创新	郝思源	金融学院

（4）校级微课建设项目立项1项（见表7）。

表7　金融学院微课建设项目

序号	单位	微课名称	课程名称	课程类别	负责人
1	金融学院	现代信用学	现代信用学	专业课/专业选修课	梁万泉

（5）计划出版金融学院《金融国际化人才培养研究》论文集一书，收集22名教师撰写的共24篇教学改革论文。

3. 经费支持

为了提供更好的研究环境，鼓励教师积极参与教学研究、教学项目申报，学院在项目资金支持的基础上，按照规定给予一定比例的配套资金的支持（见表8）。

表8　金融学院教学项目经费支出

序号	项目	支出	成果
1	学科竞赛工作	7万元	组织参加美国大学生数学建模竞赛、组织动员参加全国大学生数学建模竞赛、组织“证券投资模拟大赛”、参加第一届全国高校互联网金融应用创新大赛等
2	教育教学改革培育	8万元	推动教师参与教育教学改革，出版金融学院论文集，鼓励教师参与学校教改项目申报，并提供配套资金支持
3	教学成果	10万元	为各项教学、教研成果提供学院规定比例的配套资金支持
4	课程制作	15万元	双语（英文）示范课程的支持以及微课录制等

三、教学运行管理

1. 教学任务按计划完成

2016 年，本科生全部执行 2013 年新版培养方案。本学年学院为全日制本科生共开设 218 门次课程（包括必修、选修），任意选修课 10 门次，辅修 13 门次，本科课时共计 8 922，辅修课时共计 648，任选课时共计 340。参与授课教师人数为 42 人。

2. 期中教学检查形式多样

2016 年，学院组织的期中教学检查活动如下：

（1）随机进行课堂教学效果检查。全院教师随机听取本院系教师的课程，并检查本专业学生的上课情况。学院进行随机听课、参与课堂教学效果检查的教师共有 44 人，其中，院长、书记、副院长、副书记在自查期间均听课 3 门以上，涉及任课教师 39 人次；其他各系教师平均每人听课 2 门以上，涉及任课教师 44 人次。

各位听课教师均填写听课记录表，认真考评教师课件准备情况、教学内容、授课方式及教学效果等。不仅认真记录各位任课教师的授课情况，还认真听取学生的反馈，包括出勤率、对授课教师的评价和意见，对教学内容、教学方式的接受程度以及意见和建议等。最后，学院将听课记录进行汇总并统计，总结出优秀的教学案例和欠佳的教学案例，并在学院返校会议和各系的总结会上进行经验交流和指导。听课记录由学院进行存档。

（2）本科教学座谈会。学院于每学期期中举办一次学生座谈会，参与学生为本院大一至大三各个班级的学生代表，以及各系的教师代表。座谈会上，师生畅谈关于本科教学中的各种优缺点、建议和意见。从期中教学检查情况看，学院教师的教学态度端正，能做到治学严谨，备课认真，课堂教学组织严密，严格按教学计划安排教学，教学进度与授课计划吻合。教师都具有较强的事业心和责任感，能做到因材施教，教学方法灵活多样，能充分利用现代教学手段，课件灵活规范、有创意。能引入新技术、新方法并结合实例讲解，课堂气氛比较活跃，教学内容丰富。对课堂教学内容的准备工作较充分，语言流畅，条理清楚，授课技巧掌握较好，知识面宽，教学效果较好。能做到仪表大方、为人师表，既教书又育人。调停课程等按照学校要求办理正规手续，准时上下课，严格保证出勤率，无重大教学事故发生。本科教学座谈会见图6～图7。

图6　投资系期中座谈会

图7　金融工程系期中座谈会

同时，通过检查也发现一些问题，我院将问题汇总，提交至学校教学管理部门，并配合学校其他职能部门尽力解决。每学期教学自查活动的情况，学院均以报告的形式，并辅助相关材料上交至学校教务处。

3. 注重新聘教师培养

2016年，学院新聘任授课教师5人。入职第一年，新教师由各系副教授及以上职称的教师负责指导。根据时间安排，对于新聘教师，学院主要采取的是“学习—参与—指导”的培养模式。

通过上一个学期的学习、观摩，以及新教师参与部分班级的学生活动，使新聘教师逐步熟悉教学环境，新聘教师的语言表达能力、沟通能力、课堂组织能力等都有所提高。新聘教师了解了学校和学院教学工作的日常安排、工作流程和相关的规章制度，为日后教学工作的顺利开展和有效进行做好准备。

这个学期，新聘教师直接参与对学生的教学指导环节，如对学生毕业论文的指导和社会实践的指导。通过独立指导学生，新聘教师可以在沟通能力、学术指导、教学内容的掌握等方面进一步提升自己，也有助于发现自身存在的问题，及时向有经验的老教师请教并改进。此外，由于此阶段新聘教师可以相对独立地直接与学生接触，有助于新聘教师创新教学方式，发现适合自己的教学风格，形成自己的教学模式。

4. 学院支持与奖励项目

2016年，学院延续了2015年的学院奖励措施，根据教师在自然年度中的课时数量设置了“教学贡献奖”。同时，根据学校统计的学评教分数情况，奖励“优秀课堂效果奖”，以此鼓励学院教师积极进行教学研究和创新。

5. 基本教学工作有序进行

教学活动是本科学习的重中之重，提高教学质量、保证教学活动有序进行是需要常抓不懈的工作，也是需要学校各部门联合协作、共同努力完成的工作。借助期中教学检查自查活动，我们要做到善于发现，优良之处发扬光大，不足之处尽量完善。在这个过程中，我们也要善于创新和尝试，为学院的教学活动提供更多思路创新点，做到与时代要求相结合，满足现代社会对人才需求的要求。

四、转专业和辅修教学管理

1. 转专业制度运行有序

金融学专业作为转专业的热门学科，自 2011 年学校开始执行本科生转专业政策后，金融学院每年接收转专业学生人数居学校各学院前列（见表 9）。金融学院专业热度和受欢迎程度依然不减。

表 9　金融学院学生转专业情况统计

年级	总人数	专业录取人数					
		金融学	金融学（国际金融）	金融工程学	保险学、保险学（保险精算）	投资学	金融学（实验班）
2013 级	69	40	18	10	1		
2014 级	73	25	26	9	3	6	4
2015 级	71	17	30	8	6	5	5

对于转专业的学生，首先要解决的就是学分转换的难题。由于转专业的学生来自学校 14 个院系，每位同学都是独立个案，不能一概而论。因此，学院秉承做好基础工作、将一切问题在源头解决的态度，根据学生所在年级的本科生人才培养方案，逐门一一核对课程，为每一名学生单独辅导。在学生学籍关系变更后，学院教学秘书会将本院系教学计划、学分转换制度、学分转换申请表、学分转换基本原则和要求，发送到学院转专业学生公共邮箱。之后，召集所有转专业的学生，召开学分转换讲解会，并在会上提出所有问题和易错之处，并为学生答疑解惑。会后，再约见每一位学生，进行单独、有针对性的辅导，逐一解决每个人的所有问题。

在统计完成后，汇总情况，将学分转换申请表上交至学校教务处。在学生顺利完成转专业全部手续后，学院会通过网络、飞信平台、微信群、QQ 群和学院网站等渠道，通知转专业学生补修金融学院专业课程并报名参加考试。

2. 辅修专业管理深化改革

作为学校的辅修热门专业，学院秉承一视同仁的态度，对辅修金融学专业的学生采取“宽进严出”的教学管理方式。随着金融学专业辅修培养方案的执行，课程更加注重实用性，课程安排更加合理，加大辅修学生选课的自由度和范围。对课程的时间安排和内容都做了相应调整，使其更加符合课程设置由易到难、先基础后提升的原则。针对辅修学位学生的毕业论文撰写，学院完全参照本科毕业论文撰写要求，以保证对辅修学生的严格考察，按照学校规定进行查重，保证辅修学生质量。

五、本科教学现状及分析

1. 课堂教学效果有待提高

当代大学生以90后为主，个性特征较强，传统教学方式和授课方法很难吸引学生的注意力，也难以满足当代学生的学习需求；同时，学生的个性也对教师授课方式提出更高的要求。近些年，学校虽然重视本科教学，但是在教学效果、学生意见反馈等方面还缺少有效督促教师改进教学方法、改善教学思路的手段和管理体系。客观来讲，课堂教学效果难以客观评价，主观性较强，这就要求教师全面提升自身素质，从思想状态到专业水平，都能达到对学生言传身教的目的。另外，增强教学课堂效果考评体系的实用性，增加考评体系的配套机制和奖惩措施，确实重视教学效果，而非仅停留在表面。

2. 课程体系和教材有待系统化、规范化

各专业应进一步将理论教学体系按照金融国际化格局下“实际、实用、实践”的原则，在基础理论、专业理论和专业能力三个层面上，体现基础理论为平台、专业能力为主线、金融专业理论为核心的整合思路。具体来说，应当根据国际视角下“金融”内涵深化和外延拓展所需要的知识结构和专业技能制订教学计划，安排专业课程体系，参考国际化教材，设置比较灵活的教学计划，为不同兴趣的学生提供一份可选“菜单”。

3. 教学实践方面存在弊端

目前，学院专业教师多为博士毕业后直接任教，存在从“象牙塔”直接进入“象牙塔”的现象。从教学来讲，不利于实践教学，不利于实操性强的课程的传授，教师授课仅停留在书本上，所授内容在实践操作之外，并不利于学生的就业和未来发展。专业教师应争取较多机会与金融机构的有关人员合作从事项目研究，同时邀请有关金融机构的专家到学校担任教师或授课，增强课堂教学的实践性。此外，金融学生实践能力有待进一步增强已成为用人单位和教育部门的共识，金融专业通过设置一个完整的实践实训教学体系，对提高学生的专业技术能力、解决实际问题的能力和创新能力是十分必要的。

4. 加强对外合作，提升影响力

金融学院按照学校建设“现代化、国际化、多科性、有特色的国内一流、国际知名财经大学”的目标在不断努力，全方位提升自身实力。通过加强对外合作，包括增加与国际院校之间的交流交换项目等，对于提升学院影响力有很大助力。2016 年，金融学院在对外合作方面做了不少努力，例如：承办中信证券的新员工培训，与中煤集团合作并建立实习基地，国际高校合作项目的增加、高校间往来活动的增加以及聘请国际领域金融专家举办讲座或授课等，显著提升了学院的影响力。

六、金融学院持续发展的思路

2016 年，金融学院在人才培养国际化等诸多方面积极创新，实现多项突破并取得良好的进展。这一年，辛勤工作的汗水带给学院除了有形、无形的回报外，更多的是精神上、状态上的新气象。未来，金融学院将继续坚持学校办学的方针路线，在“走出去”战略下，进一步深化专业建设，明晰学科定位和教学优势、优化专业结构与布局、加强特色专业建设和教学改革的研究与实践、完善课程建设和教材建设。不断扩大和优化教师队伍，进一步加强师资建设和管理，健全教师队伍的培训和培养机制，避免出现青黄不接的现象。鼓励教师多参与境外访学和交流，更新知识，提升素质，加强教师评估和教学效果检查，全方位、立体化提升教学效果，建立完善的教师考评体系，从学生、同事、专家等多方面评估教师教学水平和教学效果，增加客观性评估，减少主观性判断。此外，人才的培养离不开对课程课堂教学环节、教学方法的研究，因此，在教学实践中要不断探索和研究，改变传统的满堂灌的教学方式，不断改革教学方法，采取多途径、多形式开展应用型人才的培养，提高课堂教学的有效性。充分调动学生学习的积极性、主动性，发挥学生在教学中的主体作用，倡导“启发式”“研究式”“引领式”的教学方法，实现教与学的互动，吸引学生投入学习热情，提高授课效果。

鉴于金融学专业实践性、应用性强的特点，要求教师在教学中注意理论与实践相结合，注重案例教学，为学生提供更多、更具有实操性的案例，贴合实际，着重培养学生独立思考、分析问题和解决问题的能力。充分利用学院现有的教育技术资源，积极采用多媒体等现代化教学手段和校外实习基地等资源，以慕课、微课、网络课程和视频公开课等多种电子网络教学方式，促进学院人才培养目标的实现。

财经类院校国际化人才培养发展浅析

王　苹①

【内容提要】伴随改革开放的飞速发展，我国对外贸易水平不断提高，外贸依存度不断加深。为适应经济全球化发展的大趋势，我国亟须培养一批高素质的国际化专业人才。笔者对财经类高校人才国际化培养的发展现状、存在的挑战和问题以及相应的解决对策进行深入思考和探讨，以期充分发挥财经类院校在人才培养中的作用，培养更专业的国际化人才。

【关键词】国际化人才　培养模式　财经类院校

《国家中长期教育改革和发展规划纲要（2010—2020年）》提出进一步深化教育体制改革，明确提出“培养大批具有国际视野、通晓国际规则、能够参与国际事务与国际竞争的国际化人才”。国际化人才须具备国际一流的专业知识结构和创新意识，全球化视野，提升国际化竞争力，要善于把握机遇和争取主动。美国次贷危机的发生对全球产生巨大影响，经济的复苏和发展急需高素质的国际化人才，财经类院校必须着眼于全球化趋势，加快探索人才培养模式的步伐。

一、我国财经类院校国际化人才培养发展现状及培养模式

（一）发展现状

财经类院校作为高校的重要组成部分，对于社会经济的发展和专业人才的培养都有不可替代的作用。近年来，随着国家教育投资力度的加大，我国财经

① 王苹（1964—），首都经济贸易大学金融学院副教授，研究方向：金融学。

类院校的数量不断增长。在经济贸易全球化和服务贸易一体化的背景下，财经类院校由于以经济领域为服务方向，学科专业和人才培养模式等都具有非常明显的国际化特征。此外，财经类院校的国际化和质量保障与提升紧密联系在一起，国外优质教育资源的输入，又为我国财经类院校注入高端办学理念、提升办学水平和层次创造更多机遇，为培养大批国际化专业人才创新模式。

目前，国内高校对于国际化人才培养模式的探索已经取得一定成效，如加大外教师资力量的配比，引入双语教学模式，激发学生的国际化探索精神；同时，为集中探讨高水平国际化财经类人才的培养，推动高校人才培养模式的改革，中国高校财经类人才国际化培养协作联盟在京成立。联盟的成立将致力于在高校之间、学历教育与职业资格教育之间、国内国外相关机构之间搭建起包括资源信息、资源聚集、资源运用和资源交流在内的办学资源综合平台，将高校国际化人才的培养模式与国家经济发展战略相结合。

（二）培养模式

财经类院校不断加快国际化办学步伐，借鉴国际化办学模式，充分利用双方的优势教育资源，国内高校在吸收国外先进办学理念的基础上，结合自身教育实际和学生个体特点，制订特色办学方案，加强学科建设和人才培养。主要包括以下方面的实践：

1. 双语教学

双语教学是国际化人才培养模式中常见形式之一，主要是中英双语结合讲授课程。利用双语教学，一方面，提高学生的第二语言运用水平，锻炼其听说读写的能力；另一方面，双语教学一般注重课程的实际操作，学生在掌握知识的基础上，通过社会实践，搜寻资料、观察操作等步骤完成课业，从而使学生的实践能力得到提升。伴随教学内容与国际体系接轨，形成国际化精品课程，使学术氛围更加国际化。通过引入外籍教材和课件，引导学生阅读外文资料，举办外教授课讲座等，让学生在感受外来文化的同时，进一步开阔视野，培养辩证性的思维能力。

2. 中外合作办学

中外合作办学的形式之一是以国外的办学单位开设课程为主，设立海外交流项目。例如，对外经济贸易大学与法国巴黎第一大学、法国国家企业管理教育基金会合作举办企业管理硕士学位教育项目，首都经济贸易大学与澳大利亚迪肯大学合作举办会计学硕士学位教育项目等，充分整合双方优质教育资源，为学生提供海外求学机会，积累经验，培养尖端化人才，增强竞争力。天津财经大学 ACCA 方向的教学模式，即开设国际会计资格相关课程，将考试和专业知识学习相结合，实现“学术教育与国际职业资格认证相结合”，为打造国际化人才夯实基础。注重师资队伍的建设，为学生创造多种国外实习机会和活动，从开设的业余学习、考教分离的模式，逐渐过渡到把该课程纳入学校人才培养计划、考教同步的模式。通过原版的国外教材，全球的经典案例帮助学生直观了解财会实务的最新热点，无形中大大提升了学生的就业竞争力。

3. 鼓励出国留学和加快来华留学生招生工作

2016 年 3 月 25 日，教育部发布了《中国留学回国就业蓝皮书 2015》。据统计，到 2015 年年底，我国累计留学回国人数为 221.86 万人；2015 年，留学回国人数为 40.91 万人，仅约占我国应届高校毕业生总数的 5%。2016 年我国应届高校毕业生为 765 万人，比上年又增加了 16 万人。2011—2015 年，我国出国留学人数如表 1 所示。

表 1　2011—2015 年中国出国留学人数　　单位：万人

年份	人数	年份	人数
2011	33.97	2014	45.98
2012	39.96	2015	52.37
2013	41.39		

数据来源：中国统计局官网。

近年来，我国留学生的人数不断上涨，我国政府坚持“支持留学、鼓励回国、来去自由”的政策，如创新国家出国留学机制，建立多种自助模式，形成多渠道筹措留学资金格局，设立国家优秀自费留学生奖学金等。2015 年度各类留学回国人员总数为 40.91 万人。其中，国家公派 2.11 万人；单位公派 1.42 万人；自费留学 37.38 万人。2015 年度与 2014 年度的统计数据相比较，我国出国留学人数和留学回国人数均有进一步增加。其中，出国留学人数增加6.39万人，增长了13.9%；留学回国人数增加4.43万人，增长了12.1%。此外，我国财经类院校也在加快开展国外留学生的招生工作。在来华留学生管理方面，主要采用独立二院系和留学生管理中心的方式，做好相应的管理。针对来华留学生的汉语程度，制订分层的教学计划，并开设不同等级的汉语补习班，编写专用的对外汉语教材，除语言学外，在教育学、心理学、社会学和政治学等综合领域进行教学探索，鼓励教师不断创新授课方式。在课程设置方面，鼓励双语教学和纯英语教学，提高学生的积极性，培养汉语的学习热情；课下，创造丰富多彩的学生生活，为留学生创造更多元化的社会实践。例如，鼓励国外留学生作为活动志愿者融入社会生活，汉语会话能力也得到锻炼。

4. 建设国际化的师资队伍

为使财经类院校能培养出一批国际化人才，师资队伍建设发挥着不可替代的作用。据统计，财经类院校中通过留学、进修，拥有海外背景的师资人才队伍不断壮大，一方面，学校可根据自身发展需求，选拔优秀教师出国留学深造，学习本专业前端知识，设立相关教师培养、修研项目，鼓励青年优秀教师出国参加国际会议、进修和访学考察；另一方面，财经类院校可吸引外籍教师来华教学、访问等，在引进和输出过程中，不断推动财经类院校教师国际化水平的提高。中央财经大学经济与管理研究院聘请著名经济学家罗伯特·巴罗、夏威尔·萨拉—伊—马丁指导工作，绝大部分年轻教师均有海外知名高校教育背景，了解国际经济学研究新动态，具备运用前沿经济分析方法进行科学研究的能力。

二、财经类院校国际化人才培养的问题与挑战

现阶段，我国财经类院校的国际化人才培养取得一定成效，但由于处在起步阶段，还存在一些问题，并且也受到其他国家人才培养模式的挑战。

1. 中外合作办学存在诸多问题，亟须调整

首先，中外合作办学项目繁杂且很多不符合教育部的审批制度，缺少严

格把关。国外一些名校对于合作办学手续和程序十分严谨，因此很少有与之合作的机会，而某些培训公司和高职院校为自身利益同无审批资质的国外非正规大学进行合作，严重影响办学质量；除合作办学门槛过低外，所颁发的“双证”也存在很大忧患，一些国内合作单位雇用国内教师使用国内教材授课，但颁发国外毕业证书，如此造假，学生的国际化素养令人担忧。其次，中外合作办学项目缺少专项资金支持，融资渠道少，资源配置较困难，主要通过中介机构进行融资，且缺少必要的监督管理机制，对于合作办学项目的审核评估标准不统一，评估时间不确定。最后，结构布局的变化也影响中外合作办学的发展，过去的几年中，无论是国内还是国外高校都得到较快发展，但相比来看，我国发展更快，寻求更加优质的教育资源已成为首选，这就需要国家政策的支持，对于新办项目及时获批以及相应配套机制保障是影响教育质量，乃至国际化人才培养的重要因素。

2. 国际化办学意识不强，维度单一

不可否认，当前国内高校中采用国际化办学模式的院校不在少数，但整体来看，许多财经类院校还是仅仅停留在经验办学基础上，缺少长远定位规划，没有把国际化人才培养模式上升到战略高度。增强教育国际合作能力，提升学生国际化素养，成为当前教育改革和高校发展任务的重中之重。

此外，我国财经类院校在快速发展的同时也存在国际维度单一的问题，属于内向型发展模式，内向型与外向型国际化发展模式有明显的区别（见表2）。一个国家的高等教育在发展过程中应当注重吸收世界优秀文化成果并与之相融合，力求通过内部革新适应外部变化。

表2　内向型与外向型国际化发展模式比较

类型	内向型	外向型
特征	学习、吸收他国优秀文化成果	推广、传播本国优秀文化成果
参与态度	被动适应与接收	主动输出与传播
课程	引进他国课程内容	传播本国课程内容
学者、留学生	出国留学，输出本国知识，派遣留学生	来本国讲学，传授他国知识，接收留学生
海外分校	他国在本国建立海外分校	本国在他国建立海外分校

可见，我国财经类院校的国际化人才培养模式中，以输出留学生和出国访学为主，积极吸收国外的先进办学理念，呈现较单一化的发展模式。

3. 宣传和普及力度小，学生的认可度较低

很多高校仅对国际化培养做表面文章，只注重形式上的国际化，而对于培养模式内容缺少创新；宣传普及力度小，学生们只是对某些教学方式有所了解，而缺少充分认可度。以双语教学为例，有些高校仅仅做到安排外籍教师进行讲授，但缺乏调动学生团队协作讨论的积极性、社会实践能力的培养、分析问题的思辨能力等，缺少与学生的良性互动。此外，在制订方案时缺少学生的“声音”。学生的认可度较低，主要源于学生对相应的培养方案不了解，无法做到全方位的课程规划，学校方面在课程结束后没有及时进行回顾总结，缺少必要的反馈。

三、财经类院校关于国际化人才培养模式的应对措施

1. 提高合作办学标准，严格审批制度

国家出台政策，严把合作办学质量关，提高办学门槛，严格履行相关办学手续和程序，对于中外合作单位要进行监督管理，对违规的项目给予取缔，加大处罚力度和违规成本，在结合国际教学审批制度的基础上，统一国内审批标准，为财经类院校的国际化人才培养模式创造良好的法制环境。在教师的任用方面，合理安排外籍教师和国内教师的配比规模，对于来华外籍教师的任用，要对其从师德、专业水平及科研能力等多方面进行严格筛选，进行定期考察，并对来华外籍教师提供相应的保障等。财经类院校要扩大融资渠道，改善教学环境，置办先进的教学设备，除向银行贷款外，还要利用国家的优惠政策完善自身发展，创造良好的学术国际化氛围，加大同国外教学单位的交流往来，开展创新项目。

2. 加快国际认证步伐，增强国际化办学意识

随着高等教育国际化进程的加快和国际化办学的全方位展开，包括ISO9000质量体系认证、欧洲质量发展认证体系、美国国际高等商学院协会体系越来越受到世界各高校的关注，中国部分财经类院校也得到相关认证，总

体来看，财经类院校参与国际化认证成为不可逆转的趋势。将国际化办学和人才培养上升到战略高度，不是仅仅停留在经验办学的层次，而是要抢抓机遇，建立财经类院校品牌，将国际化人才培养纳入中长期发展战略，在师资队伍建设、教学课程和教材使用、资源整合共享方面向国际化靠拢；还要不断推动办学模式向纵深方向发展，改变单一内向型发展模式，转向多元化外向型模式，如吸引外国留学生来华，可制定相应优惠政策，减少后顾之忧；在海外建立分校，传播中华优秀文化，扩大国际影响力，如建立孔子学院等。

3. 不断创新培养模式，倾听和尊重学生的意见

鼓励人才培养模式多样化，除双语教学、留学交换、中外合作办学、使用国外教材授课和聘用外籍教师外，还可鼓励大学生参加海外项目，如全球领导力国际交流项目、海外研修合作项目和全球金融经济案例实践，每年组织学生参加国际数学建模、商务策划和国际模拟法庭大赛等；此外，要积极倾听学生的意见和建议。不仅要注重课前的宣传，更要注重授课时的讲授方式，要充分调动学生的积极性，进行良性互动，创造良好的国际化氛围。只有让学生提前了解培养方案，才能激发他们浓厚的学习兴趣和意愿；还要积极聆听学生的意见，发挥他们的聪明才智，让学生更好地参与进来，提高学生的认可度，并做好相应的反馈，及时对实施方案进行修正调整，制定更加符合学生实际以及“本土化”的国际化人才培养模式。

四、结语

综上所述，高校国际化人才培养已成为不可逆转的趋势，特别是在当代我国经济发展转型的特殊时期、经济结构不断优化的阶段以及全球经济复苏的紧要关头，财经类院校更是有责任培养出新一代高素质的国际化复合型人才。我们只有顺应趋势，不断革新，细化完善人才培养模式，才能为社会建设输出有用人才。

参考文献

[1] 徐绪卿．我国民办高校发展趋势分析——《国家中长期教育改革和

发展规划纲要（2010—2020 年）》颁布后的思考［J］．教育发展研究，2010（18）：84 –85.

［2］姜传宋，宋彩萍．中国财经类院校国际化办学现状、问题与出路［J］．黑龙江高教研究，2012（02）．

［3］中国高校财经类人才国际化培养协作联盟成立——第二届大学论坛在京举办［OL］．中国教育新闻网，2016 –01 –13.

［4］高校国际化人才培养注重实务方向［N］．中国会计报，2012 –11 –16.

［5］2016 年毕业季，海归为啥觉得那么难［OL］．网易财经，2016 –04 –04.

［6］2015 年度中国出国留学人员情况［OL］．中国留学人才网，2016 –03 –17.

［7］李强，魏巍．经济学专业国际化人才培养路径及策略［J］．吉林工商学院学报，2014（04）．

［8］毕晓玉，张晓明．内向型与外向型：中美高等教育国际化发展模式分析［J］．现代大学教育，2006（01）．

大学教育国际化的层次分析

施慧洪[1]

【内容提要】 大学教育国际化分为三个层次，大多数大学处于第二个层次。在当前大学教育改革方向尚不明朗的情势下，把大学教育国际化作为大学教育改革的抓手是可行的和必要的。不同的大学，需要结合本校实情，如学校自身的发展战略，采用不同层次的国际化路径。对于首都经济贸易大学而言，建设国际知名的高校，必须与一流的国外名校开展交流合作。

【关键词】 大学教育　国际化　教育改革

大学教育是一个产业，也是国家竞争力的重要体现。我国大学教育受到慕课等网络教育的竞争，也受到国外大学的竞争。放眼未来，大学教育行业存在着潜在的危机。本文肯定了我国大学教育国际化所取得的成绩，对未来充满信心。摸着石头过河，是目前大学教育改革的现实策略。

一、大学教育国际化的三个层次及其特征

从学校的角度分析，大学教育国际化有三个层次：一是课本及 PPT 的国际化；二是师生交流的国际化；三是资本合作的国际化。这项分析基本上反映了我国大多数大学教育国际化的情形，但也有例外，如一些大学的独立学院与国外合作，为国外学校提供国内生源。但是，由于国内生源质量不高，难以获得国外文凭，导致国内外大学合作关系紧张，乃至关系解除。这些学校基本没有实现课本与 PPT 的国际化，双方的实力严重不对等，合作难以持

① 施慧洪（1972—），首都经济贸易大学金融学院副教授，研究方向：互联网金融、金融投资。

续发展。

第一个层次是一般使用英文教材、双语教材、英文参考文献和双语讲授等。它的主要特征在于仅限于校内使用双语或者英语素材并讲授，国际交流合作较少。

第二个层次是包含了国内外校方交流合作机制，如师生双向交流，甚至聘任对方担任主要管理人员或教授职务。目前来看，国内外合作单向交流的多，也就是通常从外方聘任华裔或者华人教授，如千人计划、长江学者等。在人员交流的基础上，校际合作得到拓展。第二层次的合作也是多种多样，如在对方培养博士研究生，将教师送往对方进行培养，在对方攻读博士后等。根据合作对象的国际排名，这种交流合作也是分层次的，通常是国内名校对国外名校，如清华、北大、复旦、交通大学、浙大等较容易在国外寻找一流的合作伙伴。而非一流大学的常见模式是本科生交流，为国外大学输送生源，不少学生在国外认真读书，获得双学位后，继续在国外攻读硕士。也有的学生放弃国内学位，直接攻读国外学校学位。还有一种重要形式就是论文合作。国内外学术论文合作通常是固定的，这种合作私人成分较多，有的私人合作逐渐拓展成校际合作，也有不少校际合作最终拓展成为私人学术合作。对于重视科研的高校来说，这样的合作是难得的成果。也就是说，科研合作是科研型大学更加重视的目标，是大学教育国际化成效的重要衡量指标。

第三个层次是资本层面的合作。目前来看，这方面的例子还很少，原因是多方面的。国外名校如纽约大学正在国内办分校，主要是独资形式，国内的大学在国外办分校的则凤毛麟角。我国要抓紧机会，通过国际教育合作的形式，吸引国际人才，培养具有国际视野的人才。

二、大学教育国际化推动了大学教育改革

资本层面的合作有多种形式，或者说也可细分为诸多层次。笔者认为，我国部分高校如武汉大学，通过加大资本投入，带动国际科研合作也是一种资本合作的形式。目前来看，资本合作更多的是单方面的资本驱动，通常是中方在国内加大资本投入，以多种形式推动国际科研合作，这种做法成效显

著；或者是一种隐性资本合作，如为国外专家单独配备学院，清华施一公即是例子，这是货币资本与人力资本合作的范例。

大学教育国际化促进了大学教育的机制创新，是时代的需要，是必要的。对于大学教育改革，目前方向并不清晰，诸多争论也经常见诸媒体。既然难以有全国一致的大学教育改革，放权，让高校自己推动教育的国际化改革则是较稳妥的方法。各大高校都在呼吁教育部为高校松绑，把自主办校的权力归还学校。多样化的改革试点是必要的，因为这些改革可能使人们对大学的认识更加科学。大学是什么？有人说，大学是大学精神存在的地方，大学要具有独立性。为什么需要大学教育国际化？大学教育国际化实际上是大学教育改革的一种形式，也是重要内容与抓手。我国大学教育存在重数量、轻质量的瑕疵，大力推动大学教育国际化，提升了教学与科研质量。但是，制度层面的改革是否要推进？如何推进？这个问题还没有得到国家系统性的回答。

首都经济贸易大学的教育国际化有自己的特色，一方面是以国际经管学院吸引国外归国人才，保证科研实力的提升；另一方面是各个学院独自开拓国外交流渠道，设立双语课程、英文授课班或国际班等。这些做法将优势科研人员与学生集中起来，保证了学校教育国际化的成效。首都经济贸易大学已经与世界上一批有竞争力的高校建立学生交流机制，也在开拓国际化的合作研究的空间。

首都经济贸易大学通过教育国际化，为自己的未来拓展了巨大的空间。金融学院 1/3 的学生出国，1/3 的学生考研，1/3 的学生就业。这 1/3 的学生出国，说明金融教育国际化的需求十分强烈。学生出国，试图通过海外学习与就业为自己的未来增加筹码，也说明了我国金融行业向国外同行学习的心态。金融学院正在抓住这个历史性机会，培养人才，树立品牌。

大学教育国际化，本质上是通过改革开放提升自己培养人才的能力与科研的实力，从而满足社会对中高级人才的需求。我国的基础教育在国际上处于前列，而大学教育则相对落后一些。形成这种局面的原因较多，有历史的、经济的和制度的。我国改革开放的速度惊人，大学教育国际化将伴随着我国教育改革的后续历程。

从经济总量第一到人均 GDP 排世界前列，这种变化是史无前例的。如何建设世界一流的大学？这个历史性的课题目前还没有答案，各所大学都在谱写新的篇章。鉴于我国的大学教育改革的根本性的理论共识还没有达成，通过教育国际化来推动改革是切实可行的。中国的未来经济成就需要一流的大学教育与科研的支撑！我国经济已经被迫从追求总量向追求质量转变！这个历史性时刻虽然痛苦，却是必须付出的代价，必须经历的过程。在这个痛苦却充满希望的过程中，现代服务业必须改革开放。我们站在现代工业的基础上，发展现代服务业和现代农业，其中大学教育现代化具有重要作用。苏联的历史告诉我们，社会主义国家可以重视生产力的发展，却容易忽视生产力背后的制度支撑因素，特别是市场环境中政府的关系问题如何处理？大学如何管理？这个问题虽然还没有破局，却是最终必须解决的问题。增强学校的自治能力，学校资金来源的多样化无疑是重要的尝试与方向。

大学教育国际化是推动高校改革的重要抓手。在教师身上投资，成效要高于对固定资产的投资。教师出国进修，需要花费 20 万元，1 000 人则需要 2 个亿。这笔钱带来先进的理念和课程体系，其对行业的提升是潜移默化的。首都经济贸易大学近年来加大教师出国进修的力度，对于学校取得较好的教育与科研成果意义非凡。计划经济没有把教师当作人力资本对待，而是当作需要政府养活的一名普通的工作者，在培养上下的功夫少；市场条件下，高校之间竞争激烈，人才之间也竞争激烈，人力资本具有价格，价格的杠杆调节作用使资源配置的效率提高了。按照国外经验，高校从实业获取货币资源，实业也获得了高校的人力资本，互利共赢。我国大学教育的历史发展不同于国外，普遍是地方政府拨款或中央政府拨款。私立大学普遍收费较高，但是实力偏弱，且通常挂靠公立学校。那么在保持政府对大学财源的控制背景下，如何办好大学？这个课题通过大学教育国际化的持续实践将可以得到答案。

三、大学教育国际化对我校的启示

我校通过特聘教授、聘请知名学者当院长或组建国际经管学院等模式，使学校科研水平的提升迈出了重大步伐。同时，在教学方面的国际化推动也做出了许多探索，如国际班、实验班、暑期班和双语课程等，扎扎实实地推动了大学教育国际化。通过访问学者，推动了与国外名校的交流活动，这些活动对于吸引优秀生源、提升学校品牌最终起到了积极的作用。

我校目前处在教育国际化的第二个层次。我们可以努力的方向包括四个方面：①与美国名校合作培养博士研究生，甚至博士后。②鼓励硕士研究生成规模地出国学习。③稳扎稳打，拓宽教师到国外名校进修的学校范围，并制定相应的激励措施。④对与国外高校教师的论文合作给予鼓励，如鼓励参加国外学术会议、鼓励双方互访。

此外，寻求更多的资金来源，与国际金融机构、国外名校开展资本合作，以建立可持续的新型高校运营机制，持续培养一流的人才。我校可以在国内外寻找合作资本，并专款专用，从而用自己的智慧创造对社会有益的价值。

参考文献

［1］李盛兵，刘冬莲. 高等教育国际化动因理论的演变与新构想［J］. 高等教育研究，2013（12）.

［2］李威，熊庆年，蔡樱华. 试论“慕课”条件下高等教育国际化中的教育主权问题［J］. 高等教育研究，2015（02）.

［3］袁本涛，潘一林. 高等教育国际化与世界一流大学建设：清华大学的案例［J］. 高等教育研究，2009（09）.

［4］陈昌贵，翁丽霞. 高等教育国际化与创新人才培养［J］. 高等教育研究，2008（06）.

［5］钟秉林. 推进高等教育国际化是高校内涵建设的重要任务［J］. 中国高等教育，2013（17）.

［6］刘江南. 美国高等教育国际化动向及其战略意图［J］. 中国高等教育，2011（09）.

当前我国金融国际化人才培养中存在的问题及完善建议

冯瑞河　王　倩[①]

【内容提要】随着我国金融国际化水平的日益提升，我国金融业在不断开放创新的同时，也面临改革金融体制、拓展金融业务技能等方面的严峻挑战。为了保证国家金融秩序的安全稳定和高效运行，培养高素质、复合型的国际化金融人才就显得尤为迫切。笔者在分析当前我国金融国际化教育的现状，从国际化金融课程设置、优化教学方法、有效使用外文金融教材、培养金融人才创新能力的基础上，提出完善我国金融国际化教育的建议。

【关键词】金融创新　金融国际化　人才培养

一、问题的提出及研究意义

金融危机的爆发使得全球经济放缓，为了赢得更多的机遇，我国企业在大步拓展海外市场，与此同时，国外的金融机构以及大型跨国公司也都竞相进入我国，使得我国金融机构的国际业务量快速增长，参与国际金融组织之间的合作更加频繁。金融活动的国际化、金融市场的不断开放和扩大无疑加速了金融资源的市场化配置。国际金融市场一体化进程的不断加快对金融人才的需求结构和素质要求产生了重大影响，金融学教育的国际化已成为未来高校金融学专业人才培养模式的重要发展方向。尤其是现阶段我国的金融体系还处于建设的起步阶段，金融机构的总体实力还偏弱，相对于国外成熟的金融市场和实力雄

① 冯瑞河（1964—），首都经济贸易大学金融学院副教授，研究方向：货币银行学；
王　倩　首都经济贸易大学金融学院硕士研究生。

厚的金融巨头，抗风险性和竞争性都较差。为了我国的金融市场能够平稳较快地发展，金融机构的竞争力能够不断增强，高等金融教育必须转变教育理念，创新办学思路，优化课程体系，改进教学方法与手段，探索国际化金融人才的教育模式。以高标准和严要求培养出专业基础扎实、实践能力强、有良好创新竞争意识，并且以国际视野把握中国金融发展的高素质、复合型的国际化金融人才。

因此，探索如何进行高校金融教育改革，妥善利用国际教育资源，培养高素质、复合型、具有国际化视野的金融人才，对于未来我国金融深化改革，应对复杂的国际金融环境具有重要意义。

二、我国国际化金融人才培养的现状和存在的问题

随着金融市场的竞争不断强化以及我国金融业的快速发展，金融市场对金融人才的需求发生了改变。为了满足这种人才需求，我国高校对金融人才的培养模式不断探索进取，取得了很大的进步和发展。大部分高校都提出了金融教育国际化的战略目标，以求促进自身发展，纷纷尝试构建国际化金融人才培养模式并不断改革创新，如对外经济贸易大学为硕士研究生设置了金融服务外包专业的实践。但不同类型的高校在办学定位、金融人才培养目标和培养模式等方面不尽相同。尽管我国高校金融人才的培养模式已取得不小的进步，但与金融发展趋势及对国际化金融人才的要求相比还有很大的进步空间。目前我国金融国际化教育在以下方面存在明显的缺陷：

第一，课程设置不合理。虽然大多数高校尝试开设了国际金融、公司金融、外汇业务和国际结算等国际课程，但缺乏国际前沿的金融课程。一些介绍国际金融背景的选修课也被忽略，而在课堂上对于国际金融背景的介绍也只是一带而过，使得学生对发达国家金融机构的市场运作了解不够深入。

第二，教学方法陈旧单一，实践环节不足。许多高校金融学课堂常常是一门课程从头到尾都由教师讲解，有的甚至大段念诵教材，讲解中不突出重点、难点和热点，教学效果一般，甚至还存在着教师念讲义，学生记笔记，考试背笔记的不良现象；金融实验室建设滞后或缺失，校外金融实习不够，很多应用型的金融知识也只是纸上谈兵。课堂上缺乏鲜活的案例教学，又少

有实验性的操作训练，很难调动学生学习的积极性。

第三，师资队伍建设滞后。金融学教师将大部分精力用于教学，对新的金融产品及金融创新缺乏足够的研究；金融知识更新的速度与日新月异的金融发展趋势存在较大的差距。虽然高校都在动用大量的资源从海外引进金融学教师，但并未建立起科学合理的师资管理制度，由于没能合理分配引进的师资和其他师资，缺乏有效的管理和激励，没有实现人尽其才，导致金融人才的培养效果大打折扣。

第四，金融学教材国际化程度不高。由于学生和教师的外文水平参差不齐，加上外文原版教材通常价格比较高，我国高校在课堂上主要还是沿用国内的教材，对于外文教材一般都是推荐学生们课后研读。没有教师的指导，学生们缺乏系统的背景知识，理解起来非常困难，因此这些外文教材的使用效果非常有限。

三、完善我国国际化金融人才培养的对策建议

（一）课程设置国际化，全面提升综合素质

1. 强化金融学与其他学科的融合

第一，金融学与数学的融合。随着微观金融学和金融工程学的兴起，微观主体的理财活动、资本市场的资产选择活动受到广泛关注。研究这些微观金融活动，一般都要以数理模型为基础，而理解和运用这些数理模型，需要具备较深的数理知识，才能顺利设计和开发新型金融工具。

第二，金融学与信息技术的融合。金融业本身就是一个充分运用高科技的行业，金融业技术含量的提高与计算机、网络信息技术的发展有直接原因；同时，信息技术的发展也深刻地改变了金融运行的方式。金融国际化教育要顺应金融与信息技术紧密结合的发展趋势，为学生开设一些计算机课程，使学生能够提高学习效率。

2. 适当加入国际资格认证考试的内容

国际化的金融教学应该更加注重实用性。考虑将专业执业资格认证融入

课堂，使金融专业课程和国际 CFA、CPA 相匹配，与国际专业的执业知识体系和系统的认证标准接轨并融入课堂教学中，培养国际化的高端金融人才。

3. 开设外国文化选修课，增强跨文化的交流与沟通能力

在大的行业划分上，金融属于服务业范畴，因此，高素质的国际化金融人才应具备较强的沟通能力。不同民族之间由于社会以及宗教等环境的不同，形成了不同的语言习惯、风土人情，极易产生交流障碍。高素质的国际金融人才在熟练掌握外国语言的基础上，必须熟悉当地的社会文化、风俗习惯，能够使自己理解另一种文化，恰当而高效地与其他国家的人进行沟通与交流。因此，应该开设一些外国文化、经济历史背景的选修课供学生延伸学习，造就熟悉国际经济，特别是国际金融惯例的金融人才。

（二）教学模式、方法国际化，注重实务技能的培养

1. 优化教学模式，丰富教学方法

首先，要培养自主的学习模式。这需要任课教师完成答疑解惑的基本教学职责，还要设计出各种锻炼学生运用知识和技能的自主能动学习的教学方案，实现学与用、用与创造的双重效用，强调自主学习能力培养的学习方法。充分利用网络技术建立网络教学平台，为师生提供一个资源共享、随时沟通互动的数字化教学环境，引导学生尝试探究式、自主式和全天候的学习模式。

其次，要创新教学方法。充分利用多媒体设备，综合运用案例教学、分组讨论教学等教学手段，增强学生与教师之间的沟通互动，培养学生自主学习的习惯，培养团队合作精神。增加金融实验课、实操课，如模拟股票市场操作，提高学生分析问题、解决问题的能力。还可以与金融部门合作举办外汇交易、期货买卖等比赛；开设公开课堂，定期请国内外知名学者来校举办讲座，调动学生的学习兴趣和积极性。

2. 优化双语授课的课程体系

建议对国际金融、公司金融等国际化程度高的课程采用双语教学。在实际教学中应该采取分层教学的模式，随着学生英语水平的逐步提高和专业知识的积累，逐步由较低层次过渡到较高层次的双语教学模式。通过这种循序渐进的方式，使学生逐步适应双语教学模式，具备用英语思考、表达的能力。

还可以在高年级开设全英文的选修课，供条件允许的学生选择。学生不仅需要“学英语”，更要“用英语学”，学会用英语思考和解决问题。创造全英文授课、英文课件、英文教材和外籍教师授课等优势条件，为学生打造良好的英文学习氛围，采用浸泡式英语教学，帮助学生快速提高外语水平。

3. 提高教师队伍的水平

一是要引进海外杰出人才，通过他们高水准的研究和教学工作，提升师资队伍的整体水平。

二是要为教师继续深造学习提供支持，鼓励年轻教师走出校门、走出国门进修学习；或者到金融机构从事项目研究，使教师的知识结构和研究能力与金融发展同步。结合中国和世界金融局势的最新变化，不断改进教学，在诸如互联网金融等最新领域都有深入研究和分析，以便引导学生探索最热点的金融问题。

（三）金融学教材国际化

为加快教材的国际化建设，建议引进优质的外文原著，保证教学内容的前瞻性。通常，国外出版的教材会配有课堂演示文稿、教学光盘和课堂活动建议等教辅材料，能够对教学起到很好的辅助作用，提高教学质量。当然，国外出版的教材质量鱼龙混杂，在引进国外教材时要特别注意甄别教材的质量。教育部门应组织学科专家成立专门的教材审定小组，对拟引进教材一级的辅导材料进行严格的审查管理。此外，在使用外文原版教材时，要注重将国外教材的内容本土化，增加我国国情或案例内容，切忌生搬硬套；也可以向学生推荐相应的中译本作为参考书，而对于专业性较强、难度较大的选修课程则可以选用翻译的国外教材或国内优秀教材，中文授课。

（四）丰富中外合作办学培养模式，加强国际合作与交流

开拓国际化视野可以采用3+1的模式，与国际上顶尖的经济类院校加强合作，为学生提供更多到国外学习交流的机会，使金融专业学生到国外去接触和感受西方文化，在体验中西文化交融的过程中，提升国际交往能力，构建跨文化知识体系，获得成长锻炼，迎接各种挑战。也可以采取国外留学生与国内学生混合培养的方式，让具有不同文化背景的学生一起学习与交流，

感受不同的文化氛围，培养跨文化交流的能力。

这些年，各高校都引进了不少合作交流项目，但在实际中要重视两点：一是提前做好准备工作。学习西方文化，英语水平要跟上，对学生和家长做好心理辅导，以便学生能全身心地投入到学习中去。二是要建立有效的学分互认机制。这样，既消除了学生到国外交流的后顾之忧，又避免学生留学异地仅仅是“镀金”，要保证学生在外学习真正得到提高。

（五）培养创新、竞争意识

金融业是一个不断推陈出新、竞争激烈的行业。20 世纪 60 年代以来，金融创新在国际金融领域风起云涌，新的金融工具，新的经营方式，新的服务体制对传统的金融业务活动产生了强烈的冲击，大大促进了资源的有效配置和经济的高效运行，也使得金融业的竞争加剧。因此，国际化的金融人才要适应日益开放的金融市场，理解国内外政治、社会、经济的变化对金融市场的影响，具备一定的开放竞争和法制意识；有创新精神和思辨能力，善于学习，适应变化，充分胜任竞争。

（六）加强素质教育

国际化的金融人才应具备高尚的金融道德与职业操守。诚信是金融从业人员的首要品质。金融业是充满利益诱惑的行业，风险无处不在，在大量金钱、财富面前，从业者必须严格遵守法律规范，谨言慎行，培养廉洁自律的职业操守，才能保证金融市场良好的秩序以及国家的信息财产安全。

国际化的金融人才应当有民族情怀，熟悉中国传统文化，理解中国现实国情，有报效祖国的社会责任感，服务于社会主义经济建设。

四、结语

金融行业是知识、资本密集型行业。金融学毕业生未来走入社会从事实际工作所需要的知识和技能不可能在学校全部获得和练就，主要还是靠在实践中体验。“授人鱼，不如授人以渔”，国际化的金融教育应把培养学生的学习能力与方法放在首位，培养高素质、复合型、具有创新意识和国际视野的国际化金融人才。

参考文献

[1] 代彬．金融学专业国际化人才定位与特色培养研究——以四川外国语大学国际化金融人才培养方案为例［J］．重庆城市管理职业学院学报，2014（03）：59－63.

[2] 陶碧芸．国际化金融人才素质培养研究［D］．上海外国语大学，2014.

[3] 许一帆．金融国际化背景下高校金融人才培养模式探索［J］．教育理论与实践，2013（27）：15－17.

[4] 宋威，房红．后危机时代金融教育国际化问题研究［J］．黑龙江金融，2010（04）：54－55.

[5] 单蓉．我国高等教育国际化的理论与实践研究［D］．青岛大学，2009.

[6] 赵巍，古龙高．国际化趋势下金融专业人才培养模式的思考［J］．连云港职业技术学院学报，2009（02）：13－15.

[7] 杜英娜，乔立娟，王文青，王秀芳．金融国际化环境下金融学专业本科教学改革路径［J］．河北农业大学学报（农林教育版），2007（04）：53－55.

金融拔尖人才“自主学习”能力培养的理论与实践探索

王婉婷①

【内容提要】机遇与挑战并存的金融业，对金融人才的知识和能力不断提出新的要求，“静态的知识积累”已不能满足这一充满魅力但变化无穷的金融业，唯有“动态的自主学习”才是金融拔尖人才必备的基本素质。明确“自主学习”的概念，从知识学习、科研创新两个方面入手，探索高等教育自主学习能力培养的理论与实践，对培养金融拔尖人才至关重要。

【关键词】金融拔尖人才　自主学习　理论与实践

金融业以其对国民经济巨大的影响力和对其他产业独特的“放大效应”被定义为21世纪最具发展前景的行业之一。首都经济贸易大学金融学专业的人才培养，依据国际化、创新化、前沿化的教育理念，实施精英教育和素质教育，努力创建拔尖创新人才所需的“知识、能力、素质——三位一体”的人才培养结构体系，其中“自主学习”能力的培养被列为重中之重。自2013年起，金融实验班的设立和差异化人才培养模式的开启，标志着首都经济贸易大学金融学专业“自主学习”理念下拔尖创新人才培养体系的建立。在拔尖人才培养的具体实践过程中，金融专业以提高科研创新能力、拓展学生学术视野、引领学生继续升学深造为主要目标，分别从教学方式的转变、科研创新能力的培养、日常学生组织管理等多个方面开展差异化、特色化的实验班教育，打造金融学拔尖创新人才培养品牌。截至目前，从2013级金融拔尖人才培养的实验班教育来看，多样化的教学模式改革正不断深入，科研创新培养机制已经形成，学生综合素质的提升已得到显现，金融拔尖创新人才“自主学习能力”的培养正在探

① 王婉婷（1984—），首都经济贸易大学金融学院讲师，研究方向：商业银行资本监管。

索中前行。

一、“自主学习”的概念界定

“自主学习”是描述那些具有元认知、内在动机和学习策略的学习者。元认知能力体现于学习者清楚认识自己学业的优势和不足，以及能够运用策略达到课程的学习要求；内在动机体现于学习者增强能力的信念上，专注于个人进展、深化理解和高效学习，以及将结果归因于自己能够控制的因素（如有效运用策略）；学习策略描述学习者如何处理较为棘手的学习，如何从诸多策略中选择最适合解决问题的方法，并恰当地加以运用①。

一般来说，用于指导自主学习的理论均强调个性、实践、情景，充分考虑学生作为一个人而具有的各种情感需求，并依此通过各种手段调动学生的兴趣及积极性，在学生具有主动学习动机后，适时为学生的学习提供各种软、硬件支撑。软件支撑主要指教师科学而合理的引导，硬件支撑主要指开展学习所需要的各种条件，如学习资源、实验室和实践基地等。教育者通过激发学习动机、提供学习环境及学习资源为学习者构建完善的自主学习体系，使学习者以此为支撑开展丰富有效的知识探索与知识发现，以不断完善自己的知识结构，从而体现以学习者为中心的教育教学理念。

需要注意的是，自主学习绝非学习者撇开教育者完全自由地学习，而是指自身具有良好素质的教育者为被教育者构建结构良好的完备的学习体系，从而促使被教育者产生兴趣，并主动学习的过程，其实质仍是教师主导下的学习过程，只是教师的主导不再是直接的知识传授，而是组织、引导与支持。在教学活动中，在教师要解决的诸多问题中，学生的学习动机问题首当其冲，如果教育者无法使被教育者产生学习兴趣，即使准备的教学资料再丰富、实验设备再优良，也无法获得良好的教育效果。从这一点来看，心理学理论在其中起重要的支撑作用，而只有善于运用心理学理论，自主学习能力的培养

---

① Zimmerman B J. Self-regulated Learning and Academic Achievement: An Overview [J]. Educational Psychologist, 1990, 25 (1): 3-17.

才可能获得较好的效果。

二、金融拔尖人才自主知识学习能力的培养

鉴于金融拔尖创新人才自主学习能力的教学目标，2013 年，首都经济贸易大学金融专业制定了专门针对金融实验班的人才培养方案，以拓展学生学术视野、提升其研究创新能力和实证分析能力为核心，力争通过多元化、差异化的教学方式创新，使金融专业学生系统掌握金融学基础知识和专业基础理论，具备对金融和经济现象的自主分析能力、思考能力和创新能力，具备较好的双语语言表达和沟通协调能力，能够熟练运用统计应用软件和计量工具从事实务和研究工作。

（一）优化和补充课程体系与教学内容

以培养学生独创性思维能力和创新性发展能力为导向，对课程体系和课程内容进行整合优化，将金融实验班课程分为三大板块：以“金融学”总领课程为代表的学科基础课板块（共 8 门课程）；将金融门类细分化的专业课板块（共 8 门课程）；针对金融专项知识的专业选修课板块（共 25 门课程，分设基础模块、提升模块、技能模块和补充模块四个部分）。金融实验班课堂教学学时分配如表 1 所示。其中，在课堂教学内容改革上的亮点在于，将实验班学生的数学课堂教学内容由传统的经济类微积分课程提升为难度更高的高等数学课程，增设理论经济学与实践金融学相融合的微观金融学课程，开设增强学生金融学基础底蕴的金融经典著作导读（双语）课程、增加英语课时等，以夯实学生继续进行科研深造的数理工具基础和专业知识基础。

表 1　首都经济贸易大学金融学实验班课堂教学学时分配

课程类别	门数	总学时	总学分	比例（%）
公共基础课	19	912	53	38
学科基础课	8	384	24	17
专业课	8	336	21	15
专业选修课			28	20
通选课			14	10
合　计			140	100

同时，除了纳入教学培养方案的课堂教学课程外，对实验班学生增设课外补充教学。鉴于不同阶段（大一至大四）学生认知能力和专业知识掌握程度的不同，课程的补充教学遵循循序渐进的指导原则，使学生更快、更多地接触金融专业基础知识理论和问题研究。具体而言，第一学年打好数学、英语基础，加强对经济金融学科的入门引导，推荐学生阅读国外经典的经济学教材，补充课程如“历届诺贝尔经济学奖得主的主要贡献”，系统掌握经济学理论的发展和最新成果，同时，开设兴趣性的金融基础课程，引导学生对金融学科的学习兴趣；第二学年加强金融专业知识学习，掌握基础性学术规范，以金融学内容为基础框架，补设“金融学理论前沿及热点专题”讨论课，增设几节“专业文章规范化写作与练习”课程；第三学年增强对实用计量知识的掌握，加深对专业知识的理解，以计量经济学课程为基础，补充开设类似“学术论文写作中的计量软件应用”课程，了解数据收集整理、清洗和计量模型设立全过程的模拟，并在数据挖掘中发现创新点；同时，开设“实证性文章写作专题”，让学生清楚金融实证研究类论文的书写范式，为学生专业化论文的撰写铺路；第四学年，延续过往专业阅读和研究项目，备战升学考试。金融拔尖人才课外教学补充指导进程见图1。

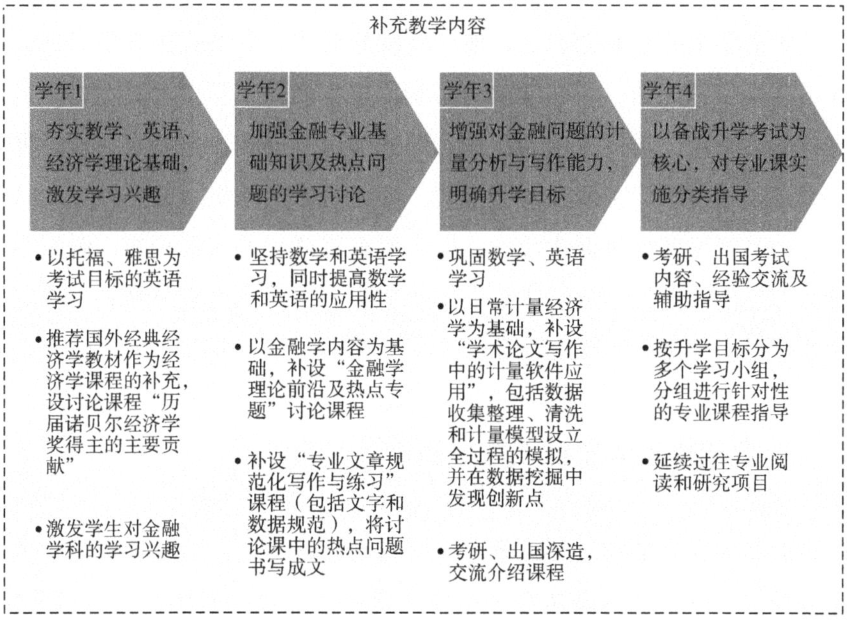

图1　金融拔尖人才课外教学补充指导进程

（二）打造多样化的授课模式

随着现代信息技术的发展，借助网络开展自主学习活动已成为趋势，且成为主要手段。这充分体现了斯皮罗情境灵活性理论的观点：基于网络的教学更有利于自主学习能力的培养。教育部在高校人才培养方案指导性意见中指出，高校课程教学应注意学生自主学习能力的培养，要求教师拿出一定的学时用于指导性自学。

鉴于此，对于金融拔尖人才实验班的教育，首都经济贸易大学充分利用现代信息技术教学手段、注重优质核心精品专业课程开发建设、打造多样化的授课模式。近年，金融专业教师申报了精品课程“商业银行经营学”和“金融概论”等，均为国家教育部规定的面向财经类院系的核心课之一。同时，运用现代网络信息技术，建设立体化的教学资源。金融专业教师申报了网络课程，包括金融监管学、中国金融史、世界金融史、中央银行与货币政策及金融学概论。以现代网络技术为平台的优质核心专业课程，将改革优化教学方法和手段，预期取得更加快捷、实际的教学效果。

（三）构建多元化的实践教学体系

为扩展学生的专业知识面，推行新型开放式、自由式的教学方式，提高学生自主学习的能力，金融学院为实验班学生提供了更多、更高、更自主的开放式学习平台。具体方法为：一是理论知识讲授到一定程度，通过课堂讨论、情景模拟和课下实地观摩等形式，有计划地训练学生的各种专业技能和能力；二是组织名师进课堂活动，极大地丰富课程的实践内容，激发学生的专业学习热情。通过学术讲座扩展学生知识面，涉及专业领域各个方向，为学生提供更多学习、实践的思路。

三、金融拔尖人才自主科研创新能力的培养

以教学内容为基础，科研能力的培养是金融学院针对实验班学生的另一个培养重点。以专业问题研究为引导，紧密结合我国经济社会发展的实际，

搭建学生创新、科研平台，注重对金融拔尖人才科研创新意识的树立和科研能力的培养。在科研创新能力的培养上，我们采用四阶段的递进方式，为学生逐步搭建创新项目、科研活动和升学深造的成长平台。金融拔尖人才科研创新能力培养的递进过程如图 2 所示。

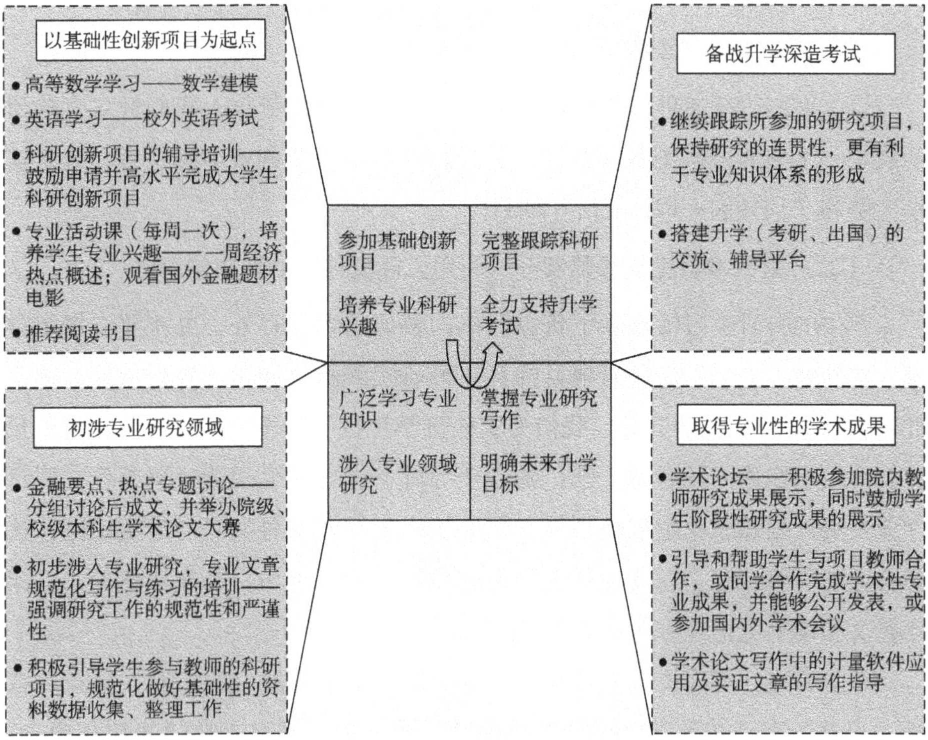

图 2　金融拔尖人才科研创新能力培养的递进过程

第一阶段以数学、英语项目培训为主，培养专业科研兴趣。进行专项科研创新项目的辅导培训，鼓励申请并高水平完成大学生科研创新项目；每周一次专业活动课，内容包括一周经济热点概述、观看国外金融题材电影等；推荐阅读书目，如当下或曾经畅销的金融类小说、国内主流的财经报纸和期刊。第二阶段引导学生对金融知识的讨论，初步涉入专业研究领域。金融要点、热点专题讨论，分组讨论后成文，并举办院级、校级本科生学术论文大赛；组织专业文章规范化写作与练习的培训，使学生掌握专业文章从资料收集到书写格式的学术规范；积极引导学生参与教师的科研项目。第三阶段推动学生进行更严谨的学术研究，鼓励取得学术成果。引导和帮助学生与项目教师合作，或同学合作完成学术性专业成果。讲解学术论文写作中的计量软件应用及实证文章的写作指导；第四阶段继续跟踪研究项目，建立完整的知识体系，备战升学考试。

（一）举办科研型教学活动

以上述四阶段递进式的科研创新能力培养思路为依据，我们针对实验班开展了一系列的科研型教学活动。比如，大学生创新创业训练项目、数学建模大赛和“周知客—P2P 征信”项目。

（二）采取本科生双导师制——利用人际交往带动自主学习

学生的科研学习活动除了班级整体的科研培训课程外，更需要有指定教师针对性的、基于一定科研项目的具体科研实践指导和学习规划建议。鉴于此，自 2013 级实验班开始，我们为实验班学生以不低于 1:5 的师生比配备具有副高以上职称或具有博士学位的学业导师，指导学生阅读经典著作、制订学业发展计划和职业生涯规划等，帮助学生了解各学科发展的最新动态，选择合适的科研课题，在参与的课题研究中培养科研能力，并在毕业论文、学年论文和读书笔记等方面给予全程指导。

综上所述，对高校教育者来说，对学生自主学习能力的培养，重点还在于“培养”上，在为学生设计的各种学习情境中，贯穿着教师的教育理念、教育方法与手段等各种因素。因此，教育者自身首先应具有较高的素质，能够熟练运用各领域的理论合理组织自主学习活动，将先进的教育教学理念贯穿其中。因此，在注重自主学习能力的培养模式中，教师的水平与能力更为重要，而开展自主学习活动所需要的各种理论、知识与技能应成为师资培训的重要内容。

有效的教育评价体系对学生自主学习能力的培养有较大的促进作用，但从已有的研究成果来看，针对学生自主学习能力培养效果的整体评价体系的研究还十分薄弱，因此，应当加强自主学习能力的量化指标体系研究，以便于学校对自主学习能力培养成效的评价，同时又有利于教师依据各项评价指标，安排、调整教学活动，增强教学的针对性、目的性，减少模糊性、盲目性与不确定性。

参考文献

［1］Zimmerman B J. Self-regulated Learning and Academic Achievement：An Overview［J］. Educational Psychologist，25（01），1990：3－17.

［2］霍秉坤．学生自主学习的概念及其培养［J］．全球教育展望，2012（07）．

［3］郭胜伟．大学生自主学习能力的培养与评价［J］．江苏高教，2012（02）．

［4］房思金．混元教学法与英语自主学习新模式［J］．考试周刊，2011（04）．

关于开设本科专业方向——量化金融初探

余颖丰①

【内容提要】 随着大数据、科技金融以及人工智能的兴起，量化金融作为新兴学科，开始在国外逐渐成为热门专业和主流学科方向，目前国内尚无量化金融专业的本科专业方向。首都经济贸易大学金融学院投资系在量化金融教学领域已做出了若干开创性的教学与科研探索。目前，金融学院已设立了量化金融专业硕士方向，即便如此，量化金融专业方向的内涵和外延仍有待于探讨和明确。因此，应关注涉及量化金融强相关的若干专业方向，并比较其区别和联系，尝试探索本科设立量化金融专业方向的可行性方案。

【关键词】 量化金融　科技金融　大数据　人工智能

一、前言

为了深入贯彻落实教育部《关于进一步深化本科教学改革全面提高教学质量的若干意见》（教高〔2007〕2 号），适应高等教育改革发展的趋势，创新教育教学管理模式和人才培养模式，不断提高教学管理质量和人才培养质量，首都经济贸易大学金融学院拟在投资系开设量化金融专业方向，以拓宽投资系的内涵和外延。量化金融作为金融学科的朝阳专业方向，在国外也是较为前沿的专业领域。目前在国内高校尚无该专业方向，因此，对这一专业的教学研究探讨就显得格外重要。本文首先回顾量化金融学科的兴起和发展；然后重点论述量化金融学科与其他相关专业的区别和联系，并对四个专业方向进行横向比较和评估；最后提出若干关于量化金融专业方向的设立以及人

① 余颖丰（1980—），首都经济贸易大学金融学院讲师，研究方向：国际金融、金融改革。

才培养的建议。

二、量化金融学科兴起的背景和动因

随着科学技术的不断发展，量化金融作为一门新兴的复合型学科，已成为全球金融业界乃至学界发展的主流方向。

推动量化金融快速发展的动因大致可以归纳为三大推动力：首先是计算机 IT 技术的崛起直接推动了金融实务部门，尤其是金融数据交易与分析部门、商业银行清结算部门的运作模式的重大变革。第二大推动力是伴随着第三次工业革命的浪潮席卷全球，尤其是大数据、人工智能和物联网（特别是指区块链技术）的兴起，直接自上而下地冲击了金融市场以及金融机构管理、经营以及商业模式的深刻转变，其代表事件是国际顶级金融机构“壮士断臂式”的自我变革。以业界翘楚高盛、JP Morgan 为例，一批金融行业领军企业纷纷从传统金融服务行业向创新型科技公司转型，其结果也促进了金融人才市场需求结构发生转型，从传统金融人才的需求向 STEM① + 金融复合型人才需求转型。第三大推动力是金融学科内部的变革。在 2008 年金融危机之后，金融学科的若干前沿学科——金融工程学，由于创立的模型过于复杂，模型风险过于严重，导致各界诟病金融学科的复杂模型。金融学的转型和升级，主要的代表事件包括国际金融工程协会更名为量化金融协会，以拓展金融学科的内涵和外延。因此，量化金融作为当下新兴复合型学科的代表之一，可以说该学科不仅覆盖了传统金融学的知识，还深度融合和覆盖了数理统计、计算机编程等多学科知识。

由此可见，量化金融不光是一门学科、一个专业，更是一种思考和处理金融问题的思路。人类进入大数据金融、智能金融的时代，“科技”与“金融”密切相关，于是，数理统计以及计算机编程就成为“科技”的基本落脚点。因此，在这样的时代，如果金融人才自身没有“科技”含量，也就是没有技术，那如何将其金融理念落地呢？只有学生掌握了相应的技术和科技，

① STEM 一般指拥有科学（Science）、技术（Technology）、工程（Engineering）和数学（Mathematics）学位的人才。

才能够将金融问题具体化，也就是通过“量化”，解决实务金融部门的复杂问题。因此，高校尽早在本科阶段设立量化金融专业方向是势在必行的（周晔，2014）。

三、量化金融与其他相关专业方向的区别和联系

因为量化金融专业是新兴专业方向，其内涵和外延的界定仍有待于深入探讨，因此，本文做了这样的前瞻性探讨的尝试。就目前而言，量化金融专业主要容易和金融工程专业、计算金融专业和金融数学专业发生混淆。

第一，量化金融主要是利用数学方法和工具解决金融经济学问题。也有很多其他专业与量化金融类似，如金融工程、金融风险管理、计算金融以及金融数学。一般而言，这些学位都是培养学生成为量化分析师（Quant）的，包括分析、交易、投资和风险管理。最早的全球量化项目可以追溯到1990年。

第二，金融工程学本身就是一个涉及跨学科的学科。该学科涉及金融理论、工程学方法、数学工具以及对计算机程序的编写。当然也有人认为，金融工程学是金融数学与计算金融在金融研究领域的具体应用。

特别注意的是，金融工程专业虽然号称“工程学”，但是一般而言，以美国为例，美国的工程师协会并不承认金融工程学位属于工程学的范畴，而且特别有意思的是，国际金融工程师协会已改名为国际量化金融协会（International Association of Quantitative Finance，IAQF）。金融工程学主要的研究工具包括应用数学、计算机科学、统计学以及经济学理论。一般认为，涉及这些专业知识的排名是有顺序的，毋庸置疑，首先是应用数学，绝对是核心，然后是计算机科学，统计学次之，而经济学理论在金融工程中的地位则较为弱化。以华尔街实务界的量化分析师（Quants）为例，很多人的经济学知识非常匮乏。当然还有人认为，凡是利用技术性工具处理和研究金融学问题的都应该称为金融工程师，尤其是银行的程序员（也包括IT部门从业人员）以及那些在政府部门运用统计方法处理金融经济问题的从业人员都应该被认为是金融工程师。当然，一般在金融领域我们更希望将金融工程

从业人员定义为那些系统的、受过高等专业教育训练的、有完备金融知识的人才称之为金融工程师。当然也有人将金融工程师定义为那些创造金融产品和策略的金融从业人员，诚然，金融工程的兴起确实是始于20世纪90年代，主要是因为全球出现了对新金融衍生品需求的浪潮，进而催生了大量涉及利用金融数学知识构建金融产品定价、估值模型或量化投资策略涉及的金融职位，最终促成量化分析师（有时也称为“宽客”）这个职位的产生。金融工程学的主要应用领域为公司金融、衍生品定价、金融监管、投资组合管理（包括资产管理）、风险管理、结构化金融产品设计、量化交易以及金融产品的估值。

第三，另一个容易与量化金融学以及金融工程学混淆的专业方向是计算金融学。一般可以认为，该学科是计算机科学在金融学中的具体应用，也可以认为是计算机科学的一个分支，当然甚至可以认为计算金融学是金融学的一个分支，由此可见计算金融学也是一个典型的交叉学科。为了使计算金融学与金融数学或金融工程学分开，有学者认为计算金融学应该更偏重于对数据、交易算法的分析，特别应该强调对学生编程能力的培养，并能够综合利用计算机程序化（或算法化）的数学模型对复杂的金融市场问题进行分析，进而从事定价、估值、对冲、套利以及风险管理的研究。此外，算法的“可实现”以及对数据（尤其是大数据）的“可处理”应该特别关注，这也是计算金融学研究和思考的重点。该专业重点的核心数学课程包括数值分析、优化学、随机过程、随机微积分（重点关注数值解）、统计与机器学习以及大数据与统计等。目前业界一般认为，因为算法交易、量化投资以及高频交易领域的研究和应用涉及太多的计算机科学知识，以至于这些领域的研究应隶属于计算金融学。

第四，再一个容易使人混淆的专业方向是金融数学专业。很多院校将金融数学专业设置在数学或统计学院，此外特别有意思的是，维基百科一度将金融数学等价于量化金融，但因为其专业名称是“金融数学”，所以普遍认为是应用数学的一个分支却是不争的事实。一般而言，金融数学家们这样定义他们自己：首先这是数学领域的一个分支，学科研究重点在于利用数学或数值方法建立金融理论与数学的关系，该学科强调数学定理上的严谨，并使金融利用与数学定理之间保持一致性，至于是否符合经济学的含义却不是金融数学家关注的焦点。根据维基百科的解释，经济学家会思考公司股价的形成原因以及背后的经济学机理，而金融数学家仅将股价作为某种数学家熟悉的数学模型，而金融数学家不会思考“股价为何是布朗运动”这类问题。

四、关于四个专业方向的横向比较和评估

由此可见，量化金融专业、金融工程专业、计算金融专业以及金融数学专业都涉及计算机科学、应用数学、统计学、经济学和财务财会（见表1）。因此，为了进一步梳理清楚这些专业的内涵和外延，有必要将这些专业进行一个大致的横向比较。特别值得一提的是，这种评估方法是一种粗略的评估方法，笔者试图“抛砖引玉”，而对于这些专业的严格区分和界定，可作为高校教育研究的一个重点课题进行。因此，目前这种分类仅是一个简单评估，该评估仅供参考。

表1　四个专业的区别和联系

专业课程＼专业方向		金融工程	计算金融	金融数学	量化金融
编程技能	C/C++	4	10	0	5
	Python/R	4	10	0	5
	Matlab	4	10	0	5
电脑工程学/计算机科学	网络架构/操作系统	0	6	0	3
	大数据数据库	1	5	0	3
	硬件开发（指 GPU 并行计算等）	0	3	0	1
应用数学	数值计算	4	10	10	5
	优化学	4	10	10	5
	随机微积分	5	8	10	5
	测度论	2	1	10	1
	偏微分方程	3	3	10	3
统计学	大数据分析	2	5	2	8
	统计学习/人工智能	0	5	0	10
	传统数理统计	5	5	10	5

续表

专业课程＼专业方向		金融工程学	计算金融	金融数学	量化金融
经济学	传统经济学（宏微观、产组）	0	0	0	0
	金融经济学	5	0	0	1
	金融经济计量学（包括实证）	8	0	0	1
物理学	金融物理	10	0	0	0
总分		56	67	64	65

一般而言，金融工程学隶属于金融学院，或者经济与管理学院下的金融系，计算金融学隶属于计算机系，金融数学毕业的学生往往直接授予数学学位，因此，金融数学一般设立在数学学院或者统计学院。量化金融一般设立在金融学院，人工智能以及大数据领域一般应设立在量化金融专业下面，由此可见，量化金融比较好地调和了其他三个专业。经济学对这些学科的影响都较为弱化，一般金融工程学学生会学习金融经济学，但其他三个学科一般不学习金融经济学。当然，四个专业的区分不是十分明显，但是侧重点不同，如果逐条细分比较，各个学科的研究精力和重点差别还是十分明显的。金融工程学在国内会涉及一些经济学课程，计算金融整体偏向计算机科学专业，甚至涉及硬件或计算机网络开发研究，而金融数学对数学要求非常专业，强调数学推演和分析，对编程的要求几乎没有（自学编程的数学家除外）。一般而言，计算金融和金融数学的学生财务管理以及公司金融的知识都比较薄弱，会计知识几乎为零，尤其是金融数学的学生，因为过于关注衍生品定价，对于股票和固定收益的那些传统金融学知识反而往往掌握不多，缺乏金融市场与金融机构的相关知识，报考 CFA 这样的金融专业技能考试有难度。而量化金融和金融工程学专业的学生因为隶属于金融学院，传统金融学和财务等这类“软知识”基础较为丰厚。当然，究竟本科教学应侧重专业性，还是侧重学生的综合性，这是需要取舍的问题，但本质上并无孰优孰劣之分。

五、对量化金融专业方向的设立以及人才培养的建议

根据笔者长期跟踪和调研发现，美国的卡内基·梅隆大学和加拿大的滑铁卢大学的量化金融专业都是非常具有国际视野和办学特点的。这两所学校的量化金融专业设立的时间都不长，但在过去十余年间，这两所学校的量化金融专业都迅速在业界获得了口碑和积累了人气，一个重要的原因是这两所学校的专业都得益于它们学校计算机科学与工程专业的发展，这和过去十几年大数据、人工智能的崛起也密切相关。而更主要的是，这两所学校培养出来的学生有极强的解决实际问题的动手能力，动手能力强弱和学生的计算机编程能力成正比。简而言之，美国的卡内基·梅隆大学和加拿大的滑铁卢大学是较早尝试将计算机科学与工程专业与金融学深度融合的大学，这也是这两所学校在过去十余年迅速崛起的最重要的原因。

但是，中国的量化金融人才培养不能完全照搬国外模式。原因有二：其一，中国国情不同，金融市场与金融机构发展的阶段和国外不同，西方量化金融专业的模式适合于成熟市场及机构，按照西方的人才培养目标培养的毕业生不能适应现阶段我国金融市场和金融机构的用人要求。其二，卡内基·梅隆大学和滑铁卢大学的量化金融专业为专业硕士课程，并无本科专业，虽然这两所学校的招生计划中都提到并不要求学生本科具有金融学学位，并允许零金融基础的学生报考，但必定它们的培养计划是针对研究生的，故不能生搬硬套。

首都经济贸易大学金融学院投资系如果尝试开设本科量化金融专业，应突出自身办学特点，差异化人才培养，可借鉴这两所学校的办学模式，但更需要结合中国国情和用人单位的实际需要（施慧洪，2007，2008）。笔者的建议主要有两项：其一，继续顺应时代发展的趋势，诸如大数据、人工智能等，创新性地将这些新技术引入本科教学，凸显这些科学技术在金融中的应用。其二，突出自身办学特点，强调自身学科优势，明确量化金融专业的办学目的和人才培养目标，比如，应确立的目标是使其与计算机专业深度融合，重点培养学生的金融数据处理能力和分析能力，加强大数据与人工智能理论知

识的学习，同时还要重点培养学生的量化交易与投资策略能力。

参考文献

［1］施慧洪．金融实验室建设的学术性思考［J］．现代教育技术，2008（02）．

［2］施慧洪．金融实验室建设探讨［J］．中国教育信息化，2007（09）．

［3］周晔．首都经济贸易大学金融学院举办首期金融实证 WORKSHOP 寒假班［J］．经济与管理研究，2014（03）．

国际交流视角下金融人才培养的思考[①]

——基于首都经济贸易大学金融学院的实践

高杰英　闫飞宇[②]

【内容提要】随着我国金融行业的崛起与教育事业的快速发展，各高校已经开始主动参与国际金融人才的培养并积极推进国际交流项目的开展。金融人才是金融业竞争的核心因素，作为人才培养的基地，各高校应将培养高素质、国际化的金融人才作为人才培养的目标之一。一些国内外顶级高校在人才培养理念、人才培养与使用、培训管理架构和培训实施等方面的经验可作为我们借鉴的他山之石。本文详细分析国内外高校关于开展学生国际交流项目的情况，总结出首都经济贸易大学金融学院在国际交流项目中存在的不足之处，并提出完善的建议，以期对金融学院的人才培养发挥指导性的作用。

【关键词】国际交流　金融人才　国际化

金融市场的发展需要人才支撑，金融改革需要人才主导，金融风险需要人才管理，金融合作需要人才开展，建立包容有序的国际金融体系更需要人才推动。可见，金融市场对具有全球化视野、通晓国际业务和国际惯例的国际化金融人才的需要是迫切的。经济全球化背景下新经济秩序的建立更是需要充足的国际金融人才做支撑。

为了满足市场需求，各高校对金融人才的培养逐步与国际接轨，在借鉴国内外高校先进的教学模式的基础上，纷纷设立新型国际化金融人才的课程

① 本文为北京市教委“面向‘走出去’战略的北京高校金融国际化人才培养改革研究（2015－ms179）”的资助项目。

② 高杰英（1971—），首都经济贸易大学金融学院教授，研究方向：商业银行、公司金融；闫飞宇，首都经济贸易大学金融学院硕士研究生。

体系，引入国外优秀教材，提高全英课程的比例；注重教师的国际化培养，引进具有海外留学经验的优秀师资，鼓励在职教师与国外高校交流互访，提升教师整体的国际交流水平。另外，为了让学生真正“走出去”，切实感受国际金融的魅力与国际水准的教学，国内高校采取合作办学的形式与国外高校建立联系，为学生提供各种交流平台。

一、国外高校学生国际交流情况

当前国际教育在世界各国都得到了高速发展，国际化人才交流日益频繁。美国是世界上高等教育国际化程度最高的国家之一，美国学生参与海外项目的人数也在逐年增加。这些海外学习项目大部分由学校发起，也有专门提供海外学习项目的协会推荐的，如大学国外研究同盟（University Studies Abroad Consortium，USAC）。人才培养模式多种多样，如国内外两校联合培养学位、海外实习及考察访问等。耶鲁大学每年都开展全球暑期课程计划（Global Summer Program，GSP），其课程只对耶鲁在校生与国际研究型大学联盟（International Alliance of Research Universities，IARU）成员开放，学生可以到包括北京大学、东京大学、新加坡国立大学、哥本哈根大学、剑桥大学和牛津大学等在内的11所世界顶级名校学习。暑期课程主要内容为：如何从全球化角度解决主要矛盾；与来自世界各地的优秀同业者合作以及与高级研究人员共同学习等。可见，美国名校拥有十分优秀的全球化资源，对拓展学生的国际视野大有裨益。

美国学生海外学习的项目经费一般来源于联邦政府、州政府、院校以及私人财政资助，学生还可申请奖学金、助学金或贷款，如吉尔曼奖学金（Gilman Scholarships）等。在海外攻读学位的美国学生多数选择以英语为母语的国家，英国为主要接受国家，其次为加拿大、德国、法国、澳大利亚、新西兰和中国等国家。2009—2010年，英国接收来自美国的5 940名本科生和10 245名研究生。另外，到海外攻读学位的美国学生就读的专业集中在人文社会科学和商业管理两大领域。

二、国内高校学生国际交流情况

国内高校国际交流项目主要分为学生互换项目、寒暑期学习项目、海外实习项目与公派出国留学项目。

学生海外互换项目是最普遍的国际交流形式。以国内几所顶级财经类院校为例，上海财经大学与29个国家和地区的165所大学（机构）签署了333份合作协议或谅解备忘录，通过多种渠道与合作伙伴开展合作，如与加州大学圣地亚哥分校、英国南安普顿大学等开展1~3年的学生访问学习项目；对外经济贸易大学与美国马里兰大学合作，每年推荐两名本科生赴美进行一学期的交流学习；中国人民大学与加拿大卡尔顿大学商学院、日本九州大学经济学研究所等合作；中央财经大学与哈佛大学、牛津大学和宾夕法尼亚大学开展名校访学项目。

寒暑期学习项目多为2~3周的短期交流，由海外高校的教授为学生设计内容丰富而具有启发性的课程、讲座、研讨会和团队合作等，旨在一个纯英语的授课环境中短期内使学生的独立思考能力与团队协作能力有较大幅度提高；同时，参与当地特色文化探访，扩展学生视野。例如：北京大学光华管理学院与哥本哈根大学商学院、莱比锡商学院开展的暑期合作项目；上海财经大学与斯坦福大学、剑桥大学和哥伦比亚大学等海外高校开展的暑期项目；对外经济贸易大学与牛津青年交流中心合作，于每年寒暑假期间在牛津大学的各个学院内举办为期两周的大学生及研究生课程项目；中央财经大学与美国哥伦比亚大学和英国伦敦大学举办的暑期学术项目等。

海外实习项目以深入海外金融机构、企业为主，如上海财经大学在2013、2014年曾派遣金融专业学生赴香港财库局、香港金管局、香港证监会和汇丰银行等机构开展工作交流，并赴香港科技大学、香港浸会大学和岭南大学等高校访问。

公派出国留学项目是由国家留学基金委主办，资助优秀本科生、研究生和博士生进行国际交流的项目，如中央财经大学2016年实施的国家资助类项目包括赴英国诺丁汉大学、美国霍华德大学交换学习，主要进行课程设计或赴国际组织、企业开展实习等活动。

三、首都经济贸易大学金融学院学生国际交流情况

首都经济贸易大学在发展建设中积极推进国际化进程，现已初步形成了较为广泛的国际交流。目前，学校已同来自美国、英国、爱尔兰、加拿大及法国等20多个国家和地区的50多所高校和研究机构建立了合作关系。在国际交流项目方面，学校每年会选派数10名在校学生赴国外或地区进行学习交流，主要有加州大学河滨分校项目、波士顿大学研究生项目、台湾静宜大学项目与波士顿大学暑期项目等。2014年金融学院分别派出1名、3名本科生参加加州大学河滨分校项目以及波士顿大学暑期项目，派出7名学生参加台湾静宜大学的交流项目。2015年学院派出1名本科生参加波士顿大学的交换生项目。根据学院与美国密歇根州立大学（Michigan State University，简称MSU）签订的合作意向，2016年金融学院在本科生中选派了5名优秀学生赴美MSU参加VIPP（Visiting International Professional Program），课程内容涉及投资学、国际财务管理等专业课以及学术研究课程与文化课程。顺利通过课程之后，学生将获得全球青年专家（GYPP）证书。学院还与加拿大西弗尔大学签订了短期交流和长期的2+2项目，每年派遣学生到加拿大交流访问，该项目已经有获得西弗尔大学学位的学生继续在加拿大或美国深造学习。另外，金融学院还与英国曼彻斯特大学合作培养保险精算专业的学生。

金融学院与美国阿尔玛学院也建立了友好关系。2016年5月20日，阿尔玛学院（Alma College）的14名大学生到金融学院参观交流，并以结对的形式开展了一系列文化活动。金融学院学生代表不仅带领美国师生参观了美丽的校园，而且走进课堂，与中国学生一起参与了“国际金融市场”课程的学习。此外，两国学生还同游老北京胡同、王府井等具有北京特色的著名景点，使本次交流活动洋溢着融洽的文化氛围。这次交流活动不仅增进了美国阿尔玛学院学生对中国大学的认识和了解，使美国大学生体验了丰富多彩的中国校园生活，同时也促进了中美学生的交流，为金融学院与阿尔玛学院之间进

行长期深层次的交流合作奠定了基础。在了解首都经济贸易大学的办学特色之后，阿尔玛学院表示，希望将来能有更多的机会与我校师生进行深入交流，同时热烈欢迎我院学生到美国参观访学。

除此之外，金融学院设立的金融学国际班更加注重培养学生的国际化视野，提升其国际化水平和能力，除了优化课程体系，如采用全英教材、课件等进行教学之外，国际班注重与境外高校的合作办学和联合培养项目，积极推进2+2、2+1+1、3+1、3+1+1以及4+X等办学模式，建立持续稳定的合作办学机构或项目不少于4个，共同制定培养目标、共同建设课程体系、规定教学内容、共同实施培养过程、共同评价培养质量。学院鼓励国际化专业教育与国际资格认证相结合，鼓励境外专业实习，拓展学生国际视野，提高学生国际规则的运用能力。学校要求扩展学生参与国际交流，提升学生跨文化交流、合作和竞争的能力，每年参加境外交换学习的学生比例达到10%以上，毕业生出国留学比例达到15%以上。

四、金融学院国际交流项目存在的问题

1. 交流平台数量不足

对比国内几所知名财经类院校的国际交流项目，可以发现金融学院存在可匹配项目资源不足的问题，与中国人民大学商学院开展交换项目的海外高校多达48所，对外经济贸易大学金融学院的海外合作高校有13所，国际经济贸易学院合作高校为43所。目前，金融学院国际交流项目只有美国密歇根州立大学暑期项目以及VIPP项目，项目数量较少。

2. 学生国际交流意愿不足

国际交流平均消费支出相对于每年5 000元人民币的大学学费来说非常高，而国内教育充分满足了基本技能的培养，工作求职或读研等都没有问题，例如，2015年学校本科生就业率达到99.18%，研究生毕业就业率达到97.79%，用人单位满意度达到88%。因此，出国交换并不能成为就业的直接影响因素。另外，我校北京生源约占70%，从城乡居民收入水平来说，大多数学生家庭还是可以提供出国交流所需资金的，主要问题在于学生的主动性

不够，自我规划的意识比较淡薄，由于对海外游学的不确定性而缺少积极报名的动力；同时，国际交流一般需要较高的英语水平，而学生对英语的学习不够积极主动，尤其是口语能力欠缺，这也是学生对国际交流项目望而却步的一个重要原因。

3. 国际交流没有形成双向交流

现在我国大多数高校对留学生的教育模式都采用单独设立国际学院的形式，我校就采用了这样一种方式。国际学院的学生单独上课，与其他学院的学生处于不同的校区。留学生与本校学生的交流主要采取中外学生篮球联谊赛、足球联谊赛等文体活动形式，并没有与中国学生一起学习、生活，没有直接进入本科生群体。

五、对金融学院国际交流发展的政策建议

1. 积极拓展国际交流平台

综上所述，金融学院还应加强与海外高等院校的交流合作，尤其要加强与以金融为优势学科的高校的联系，不仅提高合作方数量，还要提高合作院校质量，重视拓宽交流渠道，使参与交流项目的学生不仅可以选择对应的专业，也可以选择有利于自身发展的海外高校。另外，学院还应积极开展海外实习项目，开拓国际交流的新渠道，充分利用社会资源，为在校生提供更多的海外金融企业实习的信息与机会，增强学生的实践能力与对外交流能力。学生深入了解发达国家金融行业的运作机制，不仅能够提高将来就业时的竞争力，也能提高学校的竞争力。

2. 充分调动学生参与国际交流的积极性

针对学生参与国际交流项目时自主意识不强的问题，金融学院在本科、硕士及博士研究生的日常教学中可以大力推广国际交流项目，向他们介绍项目的优越性，为学生详细讲解国外合作学校与本校的学分转换制度、课程设置等学生普遍不了解的内容，并引导学生积极报名参加。另外，学院可以为有留学意愿的学生专门设置英语辅导项目，使他们的英语尽快达到可以出国交流的水平。

3. 积极吸引国际学生进入学院层面

金融学院应充分运用现有的留学生资源作为发展国际交流项目的突破口，采用留学生与中国学生共同教学的方式，促进中外学生的融合。一方面，这种教学方式满足了留学生学习中文、感受中国教学方式的需求，有利于吸引更多的海外留学生来我校学习；另一方面，与外国学生一起学习、生活能让中国学生对国外文化有进一步的了解，与留学生的日常交流也能提高自己的英语口语水平，激发对英语学习的兴趣，这对学校国际交流项目的顺利开展大有裨益。

参考文献

［1］高洁．国际化、高层次金融人才培养［J］．金融博览，2015（09）：14－15.

［2］耿海萍．美国高等学校海外学习项目浅析［J］．北京化工大学学报（社会科学版），2007（03）：73－76.

［3］田京．《美国学生的海外学习项目：主要目的地和学习领域》评述［J］．郑州师范教育，2016（01）：35－40.

［4］许一帆．金融国际化背景下高校金融人才培养模式探索［J］．教育理论与实践，2013（09）：15－17.

［5］杨扬．我国高等教育师资国际化的问题与对策［J］．全球教育展望，2015（05）：108－114.

浅谈金融国际化背景下金融教学改革

巩云华[①]

【内容提要】经济全球化、金融国际化正深刻改变着金融生态，金融在全球经济发展中的核心地位得到强化，全球金融市场联动性增强，金融生态多变和复杂化，这些都对金融教学提出了更高的要求，需要基于全球化的背景和中国经济金融发展的现实和未来需求，优化教学理念，审视和构建金融教学体系，培养具有国际化视野的高端金融人才。为达到这一目的，金融教学改革应着力推进改进教学理念、优化金融教学内容、完善金融实践教学体系和改进教学方法四个方面的工作。

【关键词】金融国际化　金融教学　金融市场

一、改进教学理念

金融教学理念的转变有利于金融人才培养模式的创新。为了实现高素质、复合型、应用型金融人才的培养目标，金融学教学应实现从注重金融知识传授，向更加注重实践能力和素质培养的教学模式的转变。中国传统的金融教学从大纲设计到课程安排，过多地强调金融基础知识的传授，着力金融知识存量的广度和深度的积累，对学生实践能力和金融素养的养成着力不足。程序化的金融知识传授和按部就班的金融教学阻碍了研究潜能的挖掘，使金融教学落后于金融业发展的需要，学生能力与金融国际化的要求有差距。这就需要立足国际化的背景，基于金融业未来发展的需求，改变传统理念，尽快树立金融理论与金融实务的知识传授、能力培养和素质提高三位一体、教师

① 巩云华（1965—），首都经济贸易大学金融学院教授，研究方向：证券投资。

主体与学生主体辩证统一的教学理念。按照金融知识的学习、研究和实际工作能力培养一体化的模式，开展以金融前沿理论、重要理论问题和金融实务问题的分析、研究为导向的教学理念指导教学。为此，在金融教学活动中应贯彻“厚基础、宽口径、重实践”的原则，改进教学理念。

二、优化金融教学内容

金融教学内容要适应新的金融生态系统的要求，及时捕捉国际市场的新动向，并融入教学教材中。如果金融教学内容不能适应市场变化的需要，学生的综合能力将不能适应市场要求，培养出的就不是真正的金融人才。为此要解决两个方面的问题：一是金融学教学课程设计；二是金融学教学内容选择。需要充分调研和了解市场，增强前瞻性，充分借鉴成熟金融市场国家的课程体系，设计出适合我国市场需求的科学合理的课程体系。在课程体系设计上，一是要保证学科与专业必修课的教学需要；二是要保证专业指导性选修课的教学需要。对于市场出现的重要的新理论、新学科内容或经济金融改革中的热点、难点问题，应以讲座的形式及时传授给学生。

三、完善金融实践教学体系

金融学属应用经济学范畴，是集理论与实务为一体的综合性学科。该学科的特性决定了实践教学在金融学专业教学中具有与理论教学同等重要的地位。因此，金融教学实践应充分利用互联网技术，增强场景教学和模拟教学；同时，注重学生实习和实践；还要注重实习实验基地建设，注重聘请从业人员做学生的指导教师，以便学生在实践中掌握、消化、吸收所学习的专业知识。

四、改进金融教学方法和手段，提高教学效果

金融教学方法的改进，直接影响金融教学效果，教师对学生能力的培养

应根据金融学教材的内容选择不同的金融教学方法。现代科技发展为金融教学提供了更多辅助教学手段和工具，对教学方法的改进和选择、善加利用会取得更好的教学效果。

总之，经济金融发展的新情况，对金融教学提出了新要求，站在国际化的角度，改进教学理念、优化教学内容、完善教学体系、改进教学方法是金融教学的必然选择。

全球化背景下高素质金融人才的能力体系培养研究①

刘妍芳②

【内容提要】在金融全球化的大背景下，我国金融人才的供需矛盾日益凸显，培养高素质金融人才的迫切性提高。金融全球化对高素质金融人才的基本素质和能力体系提出了更高的要求，因此，建设培养高素质金融人才的基本素质和能力体系至关重要。对此笔者提出创新培养模式的建议。

【关键词】金融全球化　高素质金融人才　基本素质　能力体系

随着国际金融业竞争的不断加剧，培养具有国际竞争意识和创新能力的高素质金融人才，以应对国际金融危机和参与国际竞争提供充实的人力资源保障，成为时代赋予高等院校的重要使命。金融人才是以金融学为专业，能够从事金融相关研究和管理工作的专业技术人员。高素质金融人才是精通金融领域专业理论知识和实践技能，具备扎实的自然与人文科学基本素养，拥有良好的心理素质、高尚的职业道德操守、国际化的视野、跨文化的交流与沟通能力，能够对具体问题进行创新性综合分析与解决的高层次金融人才。适应高素质金融人才的培养必须创新人才培养模式，以现代教育教学理念为指导，将专才理念与通才理念相结合，以金融业发展对人才的需求为导向。

一、金融全球化对培养高素质金融人才提出了迫切需求

随着金融全球化的不断深入，金融机构的跨国交易日益频繁，金融市场

① 本文为首都经济贸易大学校级高等教育研究项目“国际视野下高素质金融人才培养模式创新研究”的阶段性研究成果。

② 刘妍芳（1968—），首都经济贸易大学金融学院副教授，研究方向：国际金融。

一体化程度不断深入，金融活动规则日益趋同，金融监管日益国际化。我国金融业全面开放以来，金融业的发展快速纳入金融全球化进程，金融机构、金融市场以及金融交易的国际化水平不断提高。目前，我国已成为国际货币基金组织、世界银行、亚洲开发银行等国际金融机构的重要会员，随着人民币加入特别提款权以及亚洲基础设施银行的发展，我国在国际金融市场上的发言权正不断加大。我国金融机构海外并购与国际化的进程不断加快，上海、北京、深圳等地正日益成为国际金融中心或区域金融中心；人民币国际化进程日益加快，国际交易中以人民币计价结算的交易量不断增加。

为应对金融全球化的发展，培养既懂国际金融业务规范及管理法规，又熟悉中国金融业发展特点，并且能够从全球视角把握中国金融发展的高素质金融人才尤为迫切。而从目前我国金融人才市场的现状看，一方面，随着高等学校金融专业办学规模的不断扩大，金融专业热持续走高，普通金融人才已出现过剩；另一方面，熟悉国际市场的高素质金融人才却供应不足。

从当前我国金融人才市场需求来看，市场需求出现新的变化。金融机构在选拔人才时，往往要求具备硕士以上学历，具有财务、经济、金融等专业背景，英语水平高，熟练掌握股票分析软件，熟悉数据分析方法，计算机应用能力较强，沟通交流能力强等，各种复合型、高素质人才紧缺。金融机构招聘的对象不再局限于金融学、金融工程、财会和经济等专业人才，还涵盖法律、数理统计、应用数学和计算机等相关专业人才。各类人才涉及的知识面将更宽，涉及网络经济的专业知识、金融创新、投资期货等专业人才和具有一技多能、跨学科的复合型知识结构人才需求扩大。高素质金融人才不仅具备过硬的专业知识，还要具备健康的心理素质和积极的人生态度。金融机构提出，金融从业人员应具有良好的心态，高度的自律性，有良好的分析、解决问题的能力和沟通、组织、协调能力及良好的团队协作精神，愿意接受新鲜事物，有创新意识，有持续学习的意愿。

二、高素质金融人才的核心素质和能力体系

随着我国金融制度日趋成熟和金融服务业迅速发展，金融人才需求不断

扩大，金融人才的培养问题逐渐得到关注。黄达（2001）在对金融、金融学和金融学科建设等金融人才培养问题进行论述时，较早地谈到人才培养理论在我国高校金融专业教学中的应用；中央财经大学“21世纪中国金融学专业教育教学改革与发展战略研究”项目（2005）率先对我国高校金融学专业人才培养进行集中研究讨论；曾康霖（2005）对当代金融学科与其他科学交叉融合发展做出全面梳理，对金融人才的培养提供了有益参考；彭建刚（2006）针对金融学专业硕士生培养提出优化课程设计、改进教学方法和进行研究性培养等举措，以提升硕士研究生金融人才的知识整合能力；王东升（2009）对基层金融人才的培养进行研究，提出改革培养方案、加大校企合作等改进措施；徐学峰等（2010）分析金融危机后我国金融人才培养面临的新问题，给出了宽口径、复合型、应用型金融人才培养发展的具体建议；廖宜静（2010）从我国高校金融专业教学内容、教学方法和教学手段等方面对金融人才全面综合能力的培养做出系统论述；湖南大学龙海明（2015）等在湖南省高校教改项目“卓越金融人才培养模式改革研究”提出，卓越金融人才应该既是复合型人才也是专业化人才，同时，卓越金融人才既是应用型人才也是具有国际视野的国际化人才，即“两型两化”的“十字型”人才。他们分析了卓越金融人才的核心特质，从知识、能力、素质三个维度全面构建了卓越金融人才评价指标体系。

从国外来看，美国的一些顶尖级大学不断更新人才培养观念，并通过一次次的教育改革，实践其创新人才培养的新理念。1998年的博耶报告，即《重建本科教育：美国研究型大学发展蓝图》的发表，以及随后的麻省理工学院与加州大学伯克利分校对本科教育改革蓝图的发表，再次让美国研究型大学的创新人才培养问题成为美国大学教育的一个重要话题。针对新形势的变化与现存大学教育的弊端，他们重新构建了人才培养的新模式——整合教育。这种教育是以探究性学习为基础，整合正式教育过程和非正式教育过程，整合教学、研究和社区的各种教育资源和教育经验，使受教育的人成为有特别创造力的拔尖人才。拔尖人才富有探索精神，渴望解决问题，具有良好的交流技能。在这种理念指导下，他们对课程进行改革，如把一年级课程改革为一种整合的、跨学科的基于探究的课程；加州大学伯克利分校的报告则建议一年级课程应当引导学生学习如何提出好的问题，养成批判性思考习惯，掌握基本的文献研究技能以及通用的定性和定量研究工具等。

金融在国家经济发展中的核心地位以及金融全球化的发展对高素质金融人才的思想素质、知识结构、业务能力以及身心健康等都提出了更高的要求。高素质金融人才必须具备良好的心理素质、高尚的职业道德操守、国际化的视野、跨文化的交流与沟通能力以及扎实的国际金融专业理论与实践技能等。

（一）核心素质

1. 道德素质

道德素质是人们对道德规范和行为准则的把握。主要的道德规范包括爱国、守法、文明礼仪、诚信、团结友善和敬业奉献等。伦理道德是一个群体的行为规范，约束和调节对人与人、人与社会、人与自然关系的基本准则。这种约束和调节主要通过法律和道德来实现。孟德斯鸠说过，法律是基本的道德，道德是最高的法律。金融专业的学生在某种程度上都从事着与资金相关的工作，所以诚信是至关重要的。

结合高校大学生职业道德基本准则与国际化金融人才的道德要求：高素质金融人才要有正确的价值观，不能过于功利主义；要有极强的法制观念；要有高度的社会责任感。

2. 文化素质

文化素质是指人们在文化方面所具有的稳定的内在品质。文化素质包括一个人在科学、哲学、历史、文学和社会学等方面的人文知识。文化素质或修养通过一个人的语言或文字的表达体现出来，通过一个人的举手投足反映出来，体现一个人的综合气质或整体素质。国际化人才必须具备多层次的文化素养，对于不同时期的民族文化有一定的了解与继承，同时对于世界其他国家的文化有所了解和认识，这样才能奠定跨文化交流能力的基本素养。此外，国际化人才必须认识到文化的民族性和开放性。一方面，继承和发扬中华民族优秀的传统文化；另一方面，积极学习和借鉴国外优秀的文化成果。

3. 心理素质

心理素质是指人们在认识事物、掌握事物的过程中产生的情感、情绪和信念等。简单说就是情商。

国际化金融人才必须具备良好的心理素质。要了解自己的情绪，察觉自己的情绪和产生的原因，控制自己的情绪，有效地安抚自己摆脱焦虑忧郁，激励自己整顿情绪，了解别人的情绪，维系良好的人际关系。

上述道德、文化和心理素质要通过思想道德教育和人文教育来完成，要求学生树立与社会发展要求一致的思想以及形成个体发展所需要的素质。思想教育是帮助大学生树立正确的世界观和方法论。道德教育是培养学生道德素质以及文化素质的重要途径，道德在社会生活中发挥着广泛的规范作用，对社会系统起到深层维护作用。道德教育通过对学生品德的塑造，对其心理和情感以及行为都产生影响。人文教育要加强人文社会科学知识的学习和影响。

（二）能力体系

1. 专业能力

专业能力是指从事具体业务的人员在完成业务活动过程中所具备的综合能力。良好的业务素养以及丰富的专业知识与技能是专业能力的体现。

高素质金融人才必须具备扎实的专业理论功底，熟悉本国宏观金融体制与规律，精通微观金融市场运行机制，具备扎实的国际金融市场理论知识和实践技能。

2. 跨文化交流能力

跨文化交流能力是全球化社会对高素质人才的一种能力要求。跨文化交流能力要求良好的语言能力、跨文化知识和沟通交流等多方面的能力。跨文化交流的核心元素与文化素养密切相关。

3. 创新实践能力

创新实践能力包括创新能力和实践能力。创新能力是指运用知识和理论，在科学、艺术、技术和各种实践活动领域中不断提供具有价值的新思想、新理论、新方法和新发明的能力。实践能力是指个体在参加社会实践活动中解决各种实际问题的能力。实践能力和创新能力基于一定的知识理论，但又同时对知识进行检验和补充。

4. 团队协作能力

一个人的能力是有限的，现代社会很多事项都需要团队来完成。所以，高素质金融人才必须具备团队协作能力。团队协作能力包括两项非常重要的能力：第一是领导力，第二是沟通能力。

5. 学习能力

金融领域的创新层出不穷，金融市场也是千变万化。任何人才的现存知识结构都不可能完备，所以，良好的学习能力是保持创新能力的重要保障。

三、高校培养高素质国际金融人才的对策

适应金融全球化背景对高素质金融人才的基本素质和能力体系要求，为切实解决我国金融人才市场的结构性矛盾，我国高等金融教育必须转变金融教育理念，创新人才培养模式。

第一，重视人文课程的建设，培养学生的人文素养。人文素养是一切素养的基础，高等教育应该加强这方面课程的建设。大多数西方国家大学的教学计划都非常重视通识教育。大学生不仅应该谙熟和掌握本专业的知识，而且应该具有广泛的兴趣爱好，积累深厚的文化素养。美国大学金融学专业的课程体系一般由通识教育课程、公共核心课程、金融专业核心课程和综合选修课程所构成。它们的大学注重新生通识类知识的积累，在大一至大二的课程中，金融学专业的学生需要根据兴趣跨学科选修社会科学和自然科学各领域课程。此类课程学分占总学分的1/4以上。

第二，鼓励学生提出问题、分析问题、解决问题。培养学生养成批判性思维习惯，鼓励创新和探索。批判性思维是一切创新的源泉，课堂教学要改进方法，避免“满堂灌”，加强小组讨论和问题解决。

第三，培养学生实践能力。加强实践教学，注意引进来和走出去相结合。引进实践领域的行业专家，让学生走出课堂，增加实习时间；加大实验教学的比重。为加强金融学本科学生实践能力的培养，可以专门开设金融管理案例课程，加强金融市场实践、风险资本、证券投资基金、资本运作、固定收入模型与方法、风险评估与管理等金融实验课程，培养投资领域的实务类人才。

第四，通过开放式办学开拓国际化视野，培养学生跨文化交流能力。通过双语教学、英语教学、中外合作办学、引进外教和走出去、请进来等多种方式培养学生跨文化的沟通交流能力。

第五，建设适应高素质金融人才培养的师资队伍。聘请国内外知名学者到学校兼职任教，引进具有博士学位、突出科研能力的中青年学者；积极鼓励中青年学者出国交流；聘请国内外著名金融机构具有丰富实践经验的高管、业务骨干担任兼职教师，形成一支了解社会需求、教学经验丰富、热爱教学工作、专兼结合的高水平金融人才培养师资队伍。

参考文献

[1] 中央财经大学课题组．21 世纪中国金融学专业教育教学改革与发展战略研究［J］．中国大学教育，2005（02）．

[2] 曾康霖．试论当代金融学科发展及与其他学科的交叉融合［J］．金融研究，2005（10）．

[3] 黄达，等．21 世纪中国金融学教学改革与发展战略［J］．财贸经济，2001（11）．

[4] 邱兆祥．创新金融人才培养模式［N］．光明日报，2010－08－08.

[5] 李雪飞．美国大学创新人才培养与课程改革之路——一种历史的视角［J］．全球教育展望，2006（11）．

[6] 崔寅．新形势下培养应用型金融人才模式的探讨［J］．黑龙江金融，2009（02）．

[7] 刘桂梅，马洪勋，王品正．本科院校金融学专业人才培养模式创新讨论［J］．惠州学院学报，2011（04）．

[8] 许一帆．金融国际化背景下高校金融人才培养模式探索［J］．教育理论与实践，2013（27）．

[9] 杜玉波．探索拔尖创新人才培养新机制［J］．中国高等教育，2014（02）．

[10] 王东升．金融业发展与应用型金融人才培养［J］．浙江金融，2008（11）．

“2+2”模式金融国际化人才培养的思考①

梁万泉②

【内容提要】金融国际化迫切需要大学培养适应金融国际化的人才，未来金融人才需求的主矛盾是结构性的，具有国际视野和国际教育背景的高层次人才是金融国际化对金融人才的需求。针对近年来我国高校“2+2”模式金融国际化人才的培养现状和存在的问题，笔者提出金融国际化人才培养多样化、给予金融支持和做好课程衔接等相应对策。

【关键词】“2+2”模式　金融国际化　人才培养

一、“2+2”模式金融国际化人才培养的现状和比较

金融学一直被认为是所谓的热门专业，目前国内有370多所高校开设与此相关的专业，然而，在经济全球化主导的社会中，高端金融人才必定是“国际化、复合型、创新型”金融人才，即在高层次的基础上具有广阔而开放的全球视野、积极学习和快速的适应能力、充分的竞争意识和竞争能力、与时俱进的精神和开拓创新能力、充分调动资源和把握机会的能力、较强的国际沟通与交流能力以及良好的职业操守的金融专业人才。因此，未来金融人才需求的主要矛盾是结构性的，主要缺乏具有国际视野和国际教育背景的高层次人才，即国际化的金融人才。

近年来，国内外学者对国际化金融人才进行了多方面的研究，并取得了很多有意义的成果，具有非常大的参考价值。一般认为，具有广阔而开放的

① 本文为2017年校级教改项目（01591754210138）的阶段性研究成果。

② 梁万泉（1969—），首都经济贸易大学金融学院副教授，研究方向：银行管理、信用管理。

全球视野、与时俱进不断开拓的精神、较强的国际交流能力、充分调动资源和把握机会的能力等属性的人才就是金融国际化人才。这些学生在完成学业后，不但英语运用能力达到通用工作语言标准，还掌握全球通行的金融规则、通用管理技能，具备跨文化适应力、合作力和领导力，特别要学会熟练使用全球运营定量分析工具和通行软件，成为具有技术开发潜质的业务执行者和未来领导者。

在金融国际化人才培养的实践上，进入21世纪以来，大多数高校普遍采用了“2+2”的模式。这一模式的具体做法是：校际间互认课程、互认学分，选择最优质课程，共同开发教学内容，制定教学方案，辅之丰富的社会文化实践活动，形成宽广的国际视野以及先进的经济管理类专业知识；前两年在国内高校金融专业学习，后两年在国外合作大学学习，学生分别完成国内、国外合作大学规定的、所选专业的学位课程学习和专业实习教育。本文选取了我国影响力较大的4所高校“2+2”金融国际化人才培养项目并进行比较（如表1所示），可以得出我国金融国际化人才培养的基本现状。

表1　国内高校“2+2”金融国际化项目一览表

学校名称	主要合作大学	主要课程	入学条件	学费	模式特色
广东金融学院	美国、英国、澳大利亚、加拿大、法国等15所知名大学	管理信息系统、投资学、财务管理、金融监管、个人理财、房地产投资原理、中级微观经济学、中级宏观经济学、货币政策与理论、风险投资、期权与期货、财务报表分析、证券分析、国际金融学、金融工程学、金融监管、退休与遗产规划、资产定价与投资组合分析等	①具有一定的英语语言基础：高考英语成绩100分及以上；②具备一定的经济条件：必须能够承担就读国际班期间（4年）的所有费用	在合作大学学习期间（后两学年）的学费按照合作大学国际学生的学费标准，由合作大学收取	“2+2”“双校园”“双教学”“双学位”的“三双”办学特色

续表

学校名称	主要合作大学	主要课程	入学条件	学费	模式特色
上海金融学院	中外合作交流项目32个。英国德蒙福特大学、英国考文垂大学、英国伯明翰城市大学、英国BPP大学、英国密德萨斯大学、英国哈德斯菲尔德大学、澳大利亚纽卡斯尔大学、美国迈阿密大学、美国密苏里大学、美国罗德岛大学、美国莱特州立大学、美国加州州立大学圣贝纳迪诺分校	在完成国内两年课程并达到国外合作院校录取标准后，前往国外合作大学学习2~3年，并由学生根据自身的职业规划，选择就读国际金融、金融学、商务管理与金融、金融与银行、会计学、会计与金融、国际经济与贸易、市场营销、工商管理等专业，修读专业课程和进行专业实习	①在读高三、高二学生，直接报名参加入学英语测试；②入学面试合格	英澳方向人民币62 000元/学年（包括书本费和教材费）、美国方向人民币75 000元/学年（包括书本费和教材费）	“双校园”“双教学”“国际学位+国际职业资格证书”的“三双”办学特色
上海外国语大学	美国天普大学、俄克拉荷马大学和加州拉文大学	财务管理、中级公司理财、金融机构管理、衍生品和金融风险管理、投资学、金融模型、高级公司金融、金融风险管理、金融市场与机构、国际金融等	前两年修完国内应修学分，完成规定课程；雅思成绩6.0~6.5分，GPA平均绩点达到2.5~3.0	学费56 000元/年	资深教授和优秀海归教师团队任教，基础英语小班授课。国际通识课程采用原版影印教材，全英文授课。其中部分课程由美国师资来校授课，分享美国大学的优质教育资源

续表

学校名称	主要合作大学	主要课程	入学条件	学费	模式特色
北京工业大学	北京—都柏林国际学院金融学专业	金融专业课程和国际 CFA、CPA 匹配	高考一本线以上超过 20 分（北京本地）；外地分数更高的高中毕业生	6 万元/年，共4年	都柏林大学课程体系，主要专业课程授课教师为都柏林大学的教授

资料来源：各高校网站。北京工业大学都柏林国际学院金融专业为非“2 +2”项目，但有类同。

二、金融学专业“2 +2”国际化办学存在的问题

笔者主要从微观角度论述金融国际化办学实践面临的问题与困难。按照国际化与本土化和谐发展的人才培养模式，归纳总结存在以下问题：

1. 我国金融国际化合作办学的维度单一

国际化合作办学维度单一，即缺乏多样化形态。从目前我国“2 +2”金融合作办学现状看，模式雷同，缺乏多样性。

2. “2 +2”金融国际化人才培养模式受学生家庭经济条件的制约较大

一般来说，后两年到国外学习的花费都在40 万元人民币以上，对普通工薪阶层的家庭来说是一个障碍，所以致使很多优秀学生在经济能力方面望而却步。因此，一些优秀学生难以实现出国学习的愿望，这也制约和影响了“2 +2”金融国际化人才培养的发展前景。

3. 专业课程衔接问题比较突出

“2 +2”模式要求国内外不同的人才培养方案能够合理对接，特别是专业课程之间的衔接十分重要。如果前期的专业先修课程和后期的专业课对接不一致，加之语言障碍，就会使学习事倍功半，还有不少学生仍存在语言障碍，在国内针对性的语言培训不够充分。此外，确定赴美的最佳时间点，也是使学习效果最优化的重要因素。

4. 缺乏实践课程建设

"2 +2" 金融国际化人才培养模式，在大多数项目中缺乏实践课程建设，加之我国的金融机构体系与国外有很大差别，仅从书本理论中汲取知识很难具体化，学生也难以适应美国文化，难以学习到先进的管理经验和实战模式。

5. 出国前期准备的一些细节不够充分

从国内到国外求学，出国前期准备工作十分必要，如出国申请、签证办理、国内驾照证明、体检、注射疫苗以及银行卡办理等事项。再者，美国纸质教材价格通常较高，很多教材如果逐一购买势必增加经济负担，这就要求学生在国内提前有切实可行的应对手段。此外，强化赴美学生的心理准备也是学生能够顺利从国内到国外学习过渡的必然要求，但这些措施和手段在国内"2 +2"金融人才培养过程中做得远远不够。

三、"2 +2" 模式金融国际化人才培养的对策

1. 加强 "2 +2" 金融国际化人才培养模式多样化建设

鉴于目前雷同的国际化模式，在此基础上进行创新是必然需求。具体可以采取如 "2 +2 +1" 的硕士模式、"3 +2" 模式、暑期交流模式等。"2 +2 +1" 模式即学生可以在国外大学通过入学考试直接攻读硕士学位，满足了很多大学毕业生想到国外攻读硕士学位的需求。根据学生的学习状况，可以延长国内外学习时间一年，因此可以衍生出 "3 +2" 或 "2 +3" 的模式。此外，美国大学的暑期比较长，一般到 5 月中下旬就放假了，一直到 8 月下旬才开学，期间的 3 个月完全可以创造出暑期交流模式，同样也可以邀请美国教师来中国进行全英文授课。

2. 利用多样化的金融支持促进 "2 +2" 金融国际化人才培养

首先，对于品学兼优的学生可以考虑适当的奖学金支持参与 "2 +2" 项目学习，在学费上中外双方合作办学都给予一定数额的减免；其次，可以充分利用银行的留学贷款等形式，解决学生出国交流的资金支持问题。

3. 加强课程衔接管理，做到本土工作和国际化相结合

大多数西方国家大学（尤其是英、美的大学）的教学计划都非常重视通

识教育，美国大学金融学专业的课程体系一般由通识教育课程、公共核心课程、金融专业核心课程和综合选修课程四部分构成。在大一至大二年级的课程中，金融学专业的学生需要根据兴趣跨学科选修社会科学和自然科学各领域课程，此类课程学分所占比重高达20%～30%。以麻省理工学院此类一流大学金融专业的本科课程为例，金融专业学生需首先修完微积分、物理、化学、生物等自然科学核心课程，才能继续学习公共核心课程和金融学专业课程。因此，国内的“2+2”金融教学课程设计要考虑这一因素，相应增加相关课程的设置和选修。此外，国外本科后两年的专业学习中，有广泛的选修课程和较少的金融学专业核心课程，后者则显得少而精，其比例一般不超过总课时的1/3。但是，其选修课程也并非随意设置，有大量关注金融学研究前沿、反映金融市场变化、贴近金融类岗位需求特征、培养学生研究兴趣和实践能力的选修课程可供学生选择，国内的教学课程设置应根据合作院校的培养计划提前开设一些基础性的双语课程，加强一些专业课程和专业词汇的训练，使课程在后期能够顺利对接。

4. 注重微观领域和实践能力的培养

与国内本科金融学教育不同，国外大学金融学专业的课程设置都是以微观金融为主，如金融市场、公司金融、投资学、金融工程和金融衍生工具等。以美国麻省理工学院为例，为了加强对金融学本科学生实践能力的培养，专门开设了金融管理案例课程。美国哥伦比亚大学商学院一改系统的专业课程设置，开设了诸如金融市场实践、东亚商务等金融实验课程等。鉴于国内外的金融体制环境不同，为了更好地掌握金融专业知识，加强实践课程建设，将国际合作与校企合作相融合，利用美方实践课程，使赴美学生入住美方企业，尝试与外国的金融机构合作，建立产学研合作模式，是“2+2”金融人才培养模式的必然选择。通过微观领域和实践能力的培养，不仅可以使学生尽快适应美国文化，还能学习到先进的管理经验和实战模式。

5. 辅导学生做好出国前的各项准备工作

在教材方面，可以利用已赴美学生教材资源的共享，也可以在国内出版翻译相应的国外教材供出国学生使用，以减轻学生的经济负担。

参考文献

［1］王小梅，杨亚军．论新形势下国际化与本土化的融合［J］．首都师范大学学报（社会科学版），2012，（04）．

［2］袁本涛，潘一林．高等教育国际化与世界一流大学建设：清华大学的案例［J］．高等教育研究，2009（09）．

［3］金巧兰．浅谈国际金融课程课堂教学模式的改革［J］．经济研究导刊，2011（16）．

［4］陈晶，张凤君，周学明．黑龙江省国际金融课程双语教学改革研究［J］．现代商贸工业，2011（22）．

［5］费新．对国际金融课程“6 + 1”教学法的探讨［J］．金融教学与研究，2009（04）．

我校本科推荐免试研究生“三维一体”衔接培养模式研究①

陈奉先　张　玮②

【内容提要】本科生大四期初通过研究生推免后存在10个月的学业“空窗期”，这使得他们可以提前过上“闲适”的生活，难免学习热情下降，从而不利于推免研究生保持学习动力、挖掘科研学术潜力。笔者从推免研究生存在的目标缺失、学习热情下降的现象入手，从“本科—研究生”教育衔接的视角探讨推免研究生“空窗期”的培养问题，提出基于基本素质、专业素质、实践技能的“三维一体”培养模式，旨在利用推免后的“空窗期”实现后本科教育与研究生教育的有机衔接，充分提升推免研究生的科研素质、研究水平和实践能力，为研究生学习、科研奠定坚实基础。

【关键词】推免研究生　三维一体　衔接培养

一、引言

在宏观经济下行、就业市场疲软的背景下，攻读研究生学历、获得硕士学位成为越来越多本科毕业生的选择。根据中国社会科学院发布的《中国本科生就业蓝皮书》显示，2014届本科毕业生国内读研的比例为11.7%，比2013届高0.9个百分点，比2012届高2.2个百分点，呈现显著的上升趋势。与此同时，推荐优秀应届本科毕业生免试攻读硕士学位（简称“推免研究生”或“保研”）成为众多学子的重要选择。根据公开的数

① 本文为首都经济贸易大学2016年教育教学改革立项“我校本科推免研究生的‘三维一体’衔接培养模式研究”的资助项目。

② 陈奉先（1982—），首都经济贸易大学金融学院副教授，研究方向：国际金融。
张　玮，首都经济贸易大学金融学院硕士研究生。

据，211、985 院校保研率（保研人数/本科招生数）平均在 20% 以上，其高者如清华（58%）、北大（48%），地方重点院校保研率也在 10% 以上。根据《2016 年全国研究生招生数据调查报告》显示，推免研究生数量约占研究生招生总数的 40% ~50%，近乎半壁江山。同时，推免研究生获得推免资格后会出现目标缺失、学习热情下降的现象。那么，如何衔接推免研究生的“后本科”教育与研究生教育，实现人才培养链条的无缝对接呢？这个问题不仅关系到推免研究生的个人成长，也关乎研究生教育的实效，这也将是本文深入探讨的问题。

二、文献综述

推免研究生（保研）问题是社会公众关注的热点。近年来国内对这一问题的研究逐渐增多，但从现有的文献资料来看，国内学界对推免研究生的研究一般都与研究生教育、考试理论研究混杂在一起，而直接以推荐免试研究生为研究对象的论述更是缺乏（见表 1）。

表 1　有关推荐免试研究生问题的资料检索结果

搜索关键词	搜索引擎检索		中国期刊网检索	
	文献数量（篇）	百度新闻数量（万条）	谷歌新闻数量（万条）	数量（篇）
保研	1 270	173	推荐免试研究生	40
保送研究生	264	27.8	其中，“教育”“衔接”	3
推免	1 100	214	“推免生”或“保研生”	7
推荐免试研究生	287	47.6	其中，“教育”“衔接”	1

（一）与推免研究生相关的研究

与推免研究生相关的研究主要集中在以下五个方面：

1. 对推免研究生学习能力和学习成绩的研究

一般来说，能够获得推免资格的学生都是本科阶段学习的佼佼者，那么他们进入研究生阶段后的发展情况怎样？有研究表明，推免研究生群体的学习成绩明显高于同届其他应届生群体，因此应提高推免研究生在录取总数中的比例。另外，通过对本校推免研究生和跨校推免研究生学习能力的对比分析，结论是跨校推免研究生在发展后劲上更胜一筹，因此应该扩大接受跨校推免研究生的规模（顾芳等，2006；张小凯、蒋涛，2012）。

2. 对推免研究生和考试研究生择校读研对比的研究

关于推免研究生与考试研究生的读研动机也是学者们关注的重要问题之一。研究表明，推免研究生多偏重于经济理性，带有较强的功利色彩，而考试研究生的选择则体现出个人兴趣、校园环境、学术追求和其他角度的考虑。此外，影响两者读研满意度的因素也不一致，不同的入学动机将对他们其后的适应和发展产生重要的影响（杨乐，2007）。

3. 对推免研究生学校适应能力的研究

有学者注意到，推免研究生与考试研究生之间、本校推免研究生和校外推免研究生之间在学校适应能力问题上总结出影响推免研究生学校适应的因素，包括对学校失望、学术压力、他人的过高期望和师生关系误差（陶沙，2000；陆妍旭，2003；黄宝菊，2010）。

4. 对推免研究生推免前后学习、生活、心理状态的研究

范宇琦（2012）对北京林业大学100名保研生“推免”前后的生活状态、学习状况和心理状态进行比较后发现：保研前后学生的日常作息时间、学习地点、学习习惯、自信心和人际关系存在明显变化。

5. 对推免研究生的教育产出研究

还有学者研究了推免研究生的教育产出问题。郭丛斌等（2015）基于2012年北京高校学生发展研究生调查的数据，运用量化方法测度了推免研究生的教育产出水平后发现，读研的学术动机越强、经济动机越弱，本科成绩越好的学生硕士阶段成绩越好且科研论文发表越多；本科成绩对于推免研究生的毕业起薪有显著的正向影响。

（二）与“本科生—研究生教育衔接相关的研究”

与“本科生—研究生教育衔接”相关的研究并不多，现有的研究集中在如下两个方面：

1. 关于本科—研究生教育衔接模式

杨院（2010）在借鉴美日两国本科生教育与研究生教育衔接方式的基础上，认为我国必须构建本科生教育与研究生教育多样化的衔接方式。改革学位授予制度，打破研究生教育的封闭性，构建多样化的高校研究生教育基层组织形式是重要的突破口。

2. 关于本科—研究生教育衔接的视角

部分学者注意到本科生与研究生思想政治状况、思想政治教育的区别，因而从思想教育角度提出了衔接的必要性和具体举措（盛倩倩，2013；周小鹏，2014）。徐佳等（2014）从理工科研究生的实际出发，将培养目标分为基本素养培养和专业素养培养，充分利用高校在课程、师资、科研平台和实验设备等方面的资源，制订本硕衔接协同培养计划。

（三）对已有研究成果的简评

第一，从研究内容上看，虽有研究涉及推免研究生管理以及本科—研究生教育衔接的问题，但针对推免研究生的“本科—研究生”教育衔接问题关注甚少。推免研究生与普通本科生不同之处在于前者整体素养较高，且拥有长达10个月的“空窗期”。如何利用这段时间，实现“本科—研究生”教育的无缝衔接，关系到这一群体的成长。

第二，从研究方法上看，对于推免研究生管理及本科—研究生教育衔接这一课题多以定性分析为主，这种“头痛医头，脚痛医脚”的诊断式研究缺乏代表性、系统性和科学性。

第三，从研究结论上看，政策建议偏于宽泛和表面化，缺少针对性和可行性。相关研究的政策建议，大到教育法规小到课程设置，无所不含，这固然能体现推免研究生“本科—研究生”教育衔接的繁复性，也说明研究者未抓住问题的关键。

（四）推免研究生“本科—研究生”教育衔接研究的意义

本文从推免研究生推免后存在的目标缺失、学习热情下降的现象入手，站在推免研究生“本科—研究生”教育衔接的视角探讨推免研究生“空窗期”的培养问题。关于衔接培养，更多见诸初等教育与高等教育、高等教育与职业教育之间的衔接，较少涉及本科与研究生教育的衔接。而针对推免研究生这一不断壮大的特殊群体，其“空窗期”的衔接培养问题学界关注甚少，目前可得文献仅3篇。因此，研究推免研究生的衔接培养问题更具理论和现实意义。

三、推免研究生的衔接培养现状

本科生获得推免资格后，在其正式读研前有10个月的“空窗期”，期间推免研究生既无考研压力，亦无就业压力，只需完成毕业设计（论文）。对于基础扎实、综合素质突出的推免研究生而言，完成毕业设计较为容易，他们提前过上“闲适”的生活，学习热情大幅下降。这种现象不利于推免研究生保持优势、后继有力。保研网对8 829名参加保研学生的调查显示，推免研究生成功后33.72%的学生从事与学业无关的事务，如恋爱、兼职、游戏、旅游等，另外15.19%的学生“不知所措”。而此时学校对这部分推免研究生缺乏针对性的管理举措，大多采用放任自流的态度。通过对保研网的调查结果进行分析不难发现，推免研究生在“空窗期”之所以学习动力不足、目标不明确、生活不规律，是因为缺乏一系列适合推免研究生“空窗期”学习生活的规范和计划。结合我校的实际情况，研究生招生规模不断扩大，推免研究生占比从2010年的28%攀升到40%以上，而相应的培养管理体制却未见完善，各院系对推免研究生大多采用“放养”模式，学校层面也缺乏统一规划。

（一）推免研究生对学校的适应现状

在人生的每一个阶段，人都是在适应中寻求发展，在发展中不断适应，推免研究生也不例外。黄宝菊在《推荐免试硕士研究生学校适应研究》一文中，将推免研究生对学校的适应指标划分为生活适应性、角色适应性、学习适应性和人际适应性四个方面。其中，生活适应性是指推免研究生独立安排日常生活的效能，包括生活条件适应、生活方式转变和生活中的困境及应对；角色适应性是指推免研究生明确新角色的内涵和要求并合理定位自身角色；学习适应性是指推免研究生在学习认知、学习方法、学习环境和学习态度等转变中寻求适应；人际关系适应性是指推免研究生对同伴关系和师生关系的适应。

从研究结果看，整体上推免研究生在学校适应方面的情况良好。与跨校推免研究生相比，本校推免研究生在环境适应方面更具有优势；与跨专业推免研究生相比，本专业推免研究生在专业方面的适应情况更好。而影响推免研究生学校适应性的因素主要有期望与现实的巨大落差、学术压力的增大、他人的过高期望和师生关系的误差等。

（二）学校对推免研究生衔接培养的现状

实际上，大四年级的学生一般有考研、求职、推免、出国四类出路。目前，各高校对求职和考研的学生关注较多，而对于取得推免资格的准研究生重视不够。大多数院校只是将研究生期间的“导师制”提前到推免研究生的大四学年，依靠导师对推免研究生进行提前教育与培养。而有些高校对推免研究生不做任何引导，任其在“空窗期”自由发展。根据以往文献，作为一种尝试，推免研究生衔接培养不可避免地遇到了一些问题。推免研究生衔接培养方案在具体实施过程中出现了部分环节松懈、硕士入学初期跟踪指导不够等问题，有待进一步规范。另外，这种教育模式缺乏教育体制的支持，虽然得到了院系的认可，但暂时还未正式纳入本科教学计划，推免研究生的导师往往是自愿付出劳动，推免研究生衔接培养活动的时间和场所得不到保障。

四、推免研究生“三维一体”的衔接培养模式

本文从推免研究生在“空窗期”存在的问题入手，提出从基本素质、专业素质、实践技能三个维度提升推免研究生的综合能力。“三维一体”衔接培养模式不仅有助于推免研究生顺利过渡到研究生阶段，而且有助于准研究生高效地开展学习和科研活动。

（一）推免研究生衔接培养模式“第一维”——基本素质

“三维一体”中的基本素质指的是推荐免试研究生应具备良好的思想品德、正确的政治观念以及基础的科研素质。

1. 思想政治教育

正确的思想政治观念是产生积极行动的基础。高校不仅是培养高层次、高素质、复合型人才的摇篮，更是思想道德建设、政治观念树立的重要阵地。在国家对大学生思想政治教育高度重视的背景下，推荐免试研究生的思想政治教育作为衔接不同学历阶段思想政治教育的重要一环，各高校应将其视为工作的重中之重，努力加强与推免研究生的思想政治教育沟通和联系，促进人才培养的良性循环。实际上，虽然本科生和研究生共存在同一个教育环境，但是其思想政治教育缺乏连续性。另外，本科生和研究生的思想政治教育内容缺少发展性，思想政治教育目标也没有体现阶段性和差异性，教育功能性效果不明显。以上这些都是衔接培养模式中推免研究生思想政治教育应避免的问题，即要实现推免研究生思想政治教育的系统性、连续性和发展性。

2. 科研素质教育

是否具备科研能力是本科生与研究生的重要区分，因此，科研能力应是对准研究生重点培养的能力。这在推免研究生衔接培养模式中细分为四个部分：学术道德、心理素质、自我发展、确立规划。

首先，学术道德是从事科学研究、学术探讨工作的基本素质，也是在任何压力、诱惑下都不能失守的道德底线。无论是准研究生还是在读研究生，任何不符合学术道德的行为不仅对导师和学校的声誉产生负面影响，不利于科研工作者的科研前途；更值得关注的是，学术道德反映了科研工作者的治学态度，而新晋科研人员的治学态度将影响国家未来的科研发展。

其次，心理素质指的是推荐免试研究生是否具备在时间紧、承担科研项目任务重的情况下依然能够安心学习、踏实工作的心态。具体而言，推免研究生应注重心理素质的培养：其一，在处于陌生环境和面对新方法时，跨专业或跨校的推免研究生应具备不畏艰难的心理素质，甚至在承受巨大的心理落差时都应该保持积极心态，主动与导师、辅导员等相关人士沟通，而不是自暴自弃；其二，成为研究生后，推免研究生不仅要与其他优秀的推免研究生竞争，也要与通过考研成为研究生的毕业生竞争，因此，推免研究生应具备面对激烈竞争的心理素质；其三，推免研究生还应具备既仰望星空又脚踏实地、既发展爱好又钻研专业的心理素质。

再次，自我发展指的是推免研究生充分认识自己，培养自身的专业强项，在导师的协同引导下寻找自己的发展方向，形成稳定的读研心态，尤其是学术型研究生要树立“板凳要坐十年冷，文章不写半句空”的学术心态。

最后，确立规划是研究生学习的最大动力与引力。而常见的事实是，准研究生还缺少发现自身兴趣和特点的机会，往往缺乏自身的长远发展规划。推免研究生发展规划的确立需要学校、学院、导师、推免研究生四方共同努力，各尽其责，承担相应的工作。

（二）推免研究生衔接培养模式“第二维”——专业素质

专业素质是指在教育者的指导下，通过学习和训练，受教育者日渐形成的操作能力和思维能力。推荐免试研究生在获得推免资格后更应注重的就是专业素质，包括锻炼创新能力、学习能力、学术交流和学术写作四个方面。

创新是科学繁荣发展的推动力。创新能力是在技术和各种实践活动领域不断提供具有经济价值、社会价值和生态价值的新思想、新理论、新方法和新发明的能力。当今社会的竞争与其说是人才的竞争，不如说是人的创造力的竞争。创新能力是我国研究生培养的基本目标之一，创新能力的养成不在一朝一夕而在长期培养。在推免研究生衔接培养的“空窗”阶段有针对性地进行创新能力培养，延长培养时间，有利于提升培养效果。

非学无以广才，非志无以成学。学习能力是考查研究生实力的重要标准之一。与本科被动地接受知识、接受学问不同，研究生阶段往往要求主动地运用综合知识进行创新性学习，研究生需要参与调研和查阅大量文献，了解当前科学研究的新进展。毕竟，在大部分的专业领域中，专业知识和专业技能更新较快，因此推免研究生学习能力的培养非常重要。

学术交流是科研工作中的一种重要方法。学术交流即信息交流，其最终目的是使科学信息、思想、观点得以充分的沟通和交流。通过学术交流，推免研究生可以快速了解其研究领域的国内外发展现状和相关领域的技术水平，可以有效撷取新学术、新思想、新动态以及启迪灵感。

学术写作是科研工作者输出创新成果的重要形式。科研创新成果一般需要以文字形式表现，包括科技论文、学术专著、专利和软件著作等，可用以提供学术会议上宣读、交流、讨论或在学术刊物上公开发表。许多研究生善于思考、总结，具备一定的创新能力，但是却不擅于学术写作，无法准确、充分地表达自己的想法和研究成果。因此，对于即将踏入创新性阶段的推免研究生来说，锻炼基本的学术写作能力非常必要。

（三）推免研究生衔接培养模式“第三维”——实践技能

实践是检验真理的唯一标准。实践技能是研究生从事科学实证、事实调研的基础，往往体现在动手能力、实际工作能力等方面。实际上，推免研究生的实践能力往往是不足的。推免研究生衔接培养中实践技能的培养可以为推免研究生今后从事各类实践性工作奠定基础。锻炼推免研究生的实践技能可以结合其毕业设计，导师通过提前毕业设计时间、适当增加毕业设计题目的难度来锻炼推免研究生发现问题、解决问题的能力，调动其学习的积极性，让推免研究生在一次完整的毕业设计过程中培养实事求是的科学态度和刻苦钻研的精神，并在完成毕业设计的过程中发掘个人潜力、明确未来的研究方向。

在“三维一体”的教育衔接模式中，基本素质、专业素质、实践技能三个维度紧密联系，相互促进，共同作用于推免研究生软硬实力的提升。基本素质的培养有助于引导推免研究生完成自身社会角色和科研角色的转换，帮助推免研究生对自己进行更准确的定位，形成更完善的个人品格、更科学的发展规划；专业素质的培养有助于提升推免研究生的科研实力，促使推免研究生提前以研究生的身份进入状态；在第一、第二维的素质教育基础上，实践技能通过承担项目的形式培养推免研究生的设计能力、动手能力以及发现问题、分析问题、解决问题的能力，有助于提升推免研究生的综合能力。同时，推免研究生在完成项目的过程中可以更了解自己导师的研究方向，并从中发现自己乐于研究的方向。

五、对我校在推免研究生衔接培养方面的建议

我校建立推免研究生衔接培养模式和体系，并不是盲目建立的，而是经

得起实践检验的，具有优异的实践成效。在分析推免研究生的衔接培养现状、确立“三维一体”衔接培养模式的基础上，笔者提出以下衔接培养推免研究生的建议：

（一）重视思想政治教育工作，坚定理想信念

正如著名教育家陶行知所言：道德是做人的根本，根本一坏，纵使你有一些学问和本领也无甚用处。重视思想政治教育工作，引导推免研究生形成正确的道德观、价值观、世界观、政治观是产生稳定心态、积极行为的基础。高校应当高度重视思想政治教育，不仅可以通过学校官网、校园广播、校报、宣传栏以及公众号等多种途径广泛宣传道德的重要性，还可以通过举办以德育为主题的辩论会、交流会和座谈会等活动引导推免研究生积极践行道德规范。事实上，尽管各高校一直都没有放松思想政治教育工作，但是效率低下、形式呆板的“我说你听”的大课堂式教育并没有取得良好效果。对此高校应做出改变，迎合青年新特点，利用新媒体开展丰富多彩、形式多样的校园德育活动。在校园浓厚的德育氛围内，推免研究生将自觉地修正行为，严格要求自己，致力于遵循道德行事而不是空谈道德。

（二）重视科研能力培养，坚定学术信念

科研是为了认识客观事物的内在本质和运动规律而进行的调查研究、实验、试制等一系列的活动，为创造发明新产品和新技术提供理论依据。科学研究的一般程序大致分为五个阶段：选择研究课题、研究设计阶段、搜集资料阶段、整理分析阶段、得出结果阶段。从科学研究的五阶段着手推进推免研究生的科研能力培养更具针对性，在导师主导、学长帮带的情况下，推免研究生结合毕业设计（论文）体悟科研过程，在实践中解决问题，树立学术自信。同时，我校建立了优秀学位论文支持和激励制度，激发推免研究生认真完成毕业设计（论文）的热情。另外，兴趣是最好的老师，我校实行学生与教师共同参加学术讲座、学术研讨和学术论文定期交流制度，使得学术氛围日益浓厚。此外，我校重视推免研究生之间的跨学科学术交流，促进高层次、创造型、全面型人才脱颖而出。

（三）转变教育推免研究生方式，培养创新意识

我校推免研究生教育应避免“高耗低效”的“体力型教育”，开辟出“尊重规律，依靠科学”的素质教育道路。因此，培养推免研究生的创新能力至关重要。只有将创新意识根植于教育，学校才能突破局限，引导推免研究生把握事物的内在规律，掌握理论与实际的契合点。在推免研究生工作中内含创新文化，让创新思维成为推免研究生的常态思维。为实现这一转变，不妨采取研讨、争辩等开放性教育形式，让推免研究生组织教学活动，克服学生性格上的循规蹈矩，鼓励学生提出新观点、新概念、新思想，培养逆向思维、多向思维能力；在校园内营造尊重知识、尊重人才的氛围，倡导鼓励创新、宽容失败的创新文化，为创新型人才成长提供适宜的校园环境。

（四）为推免研究生设立大四学年的 Do List

针对我校各学院推荐免试研究生的实际情况，通过“三维一体”的教育衔接模式的培养和教育，为推免研究生设立大四学年的 Do List，使其有明确的目标，获得完成任务的成就感。

第一，学习一个与专业密切相关的软件。

第二，独立完成一篇国外学术前沿论文的翻译。

第三，参与并完成一项科研项目（可以是导师的项目，也可以是毕业设计，若是毕业设计，应达到良好以上的水平）。

第四，参加一次学术交流。

第五，参加一次社会实践（可以是企业实习，也可以是志愿服务）。

第六，选修一门全英文授课的课程。

通过以上 Do List 的六项内容，推免研究生不仅可以加强英文、软件和专业知识的硬实力，而且可以锻炼与社会交流的软实力，最终实现个人的均衡发展。

在我校本科生推免研究生实施“三维一体”的衔接模式培养过程中，需要学校、学院、辅导员、导师四方各司其职，共同协作。本文提出基于基本素质、专业素质、实践技能的“三维一体”培养模式，旨在利用推免后的“空窗期”实现后本科教育与研究生教育的有机衔接，充分提升我校推免研究

生的科研素质、研究水平和实践能力，为研究生阶段的学习、科研奠定坚实基础。

参考文献

［1］刘昌明．推荐免试研究生制度的改革与实践［J］．高等工程教育研究，2001（02）：79－80.

［2］陈睿．对我国研究生招生考试制度的历史回顾［J］．中国考试，2006（04）：33－35.

［3］杨院．本科生教育与研究生教育衔接方式的国际比较［J］．高等工程教育研究，2010（06）：73－76.

［4］朱中正．关于推荐免试研究生大四学年的教育策略［J］．高教论坛，2011（09）：14－15.

［5］罗敏．我国研究生招生推荐免试制度的特征、矛盾及发展趋势［J］．学位与研究生教育，2011（12）：39－44.

［6］黄晓春．本硕衔接教育研究与探索：以语言学科为例［J］．中国大学教学，2011（02）：51－55.

［7］张磊，钱振东，刘腾爱．研究型大学本科——研究生教育衔接模式探索［J］．东南大学学报（哲学社会科学版），2013（7）：127－130.

［8］周小朋．地方高校本科生与研究生思想政治教育衔接问题研究［J］．兰州教育学院学报，2014（6）：63～66.

［9］徐佳，徐小龙，黄海平．理工科推荐免试研究生本硕衔接协同培养研究［J］．计算机教育，2014（11）：51－55.

［10］王云峰，顾成明．关于直研国防生培养与军校研究生教育衔接的几点思考［J］．长春教育学院学报，2015（5）：35－36.

学分制改革下的本科教学管理制度创新[①]

郝思源[②]

【内容提要】 在"走出去"战略引导下，国家人才培养也被赋予了更深刻的内涵和使命。随着国家国际化人才、创新人才培养模式的不断推进，相对于传统教育管理机制，学分制作为一种开拓创新的教育理念，逐步应用到我国高校教学管理中。但是，在教学制度改革的进程中，很多与现阶段我国教学制度相矛盾的问题逐步凸显，这些问题导致了个体成绩差异的出现，一定程度上造成教学结果的不公平。为此，针对学分制目前存在的问题及解决问题的关键点成为探讨学分制改革的重点。

【关键词】 学分制　教学管理　教育资源

一、引言

学分制是国际教育领域中被广泛使用的教学管理体制，加强学分考核，减少学年的硬性限制，具有灵活性较强、弹性较大的特点，能够更好地实现对学生的因材施教，更利于实施创新性、特色性培养。实施"走出去"战略，人才培养是关键。培养国际化人才，不仅仅是知识体系与国际接轨的问题，也是人才培养管理机制建设与国际接轨的问题。为了与国际教育接轨，为了达到提供优质教育资源、高效教学环境的目标，为了在更高层次上培养人才，建立与之相符的学分制教学管理体系迫在眉睫。

---

① 本文为 2016 年首都经济贸易大学教育教学改革立项"学分制改革下的本科教学管理制度创新"的资助项目。

② 郝思源（1988—），首都经济贸易大学金融学院教学秘书，研究方向：教学管理。

二、研究综述

学分制最早起源于美国，由哈佛大学于19世纪末创建并实行，美国的教学理念、社会发展需求等因素，为美国学分制的大力发展和不断完善提供了广阔的平台。我国在“新文化运动”期间，在蔡元培先生的带领下，北京大学最先开始实行学分制。但是，由于受到苏联经验的影响，我国推行了学年制。1978年恢复高考后，教育部逐渐恢复试行学分制。1985年，《中共中央关于教育体制改革的决定》中明确规定减少必修课，增加选修课，实行学分制。2002年，在职业教育大会上提出弹性学制。周强、黎姝华、郭柏林（2009）等认为，学分制有利于整合教育资源，最大限度发挥教育资源的综合功能；刘亚军、高丽萍、王云生等（2012）认为，学分制最大的特点是教学计划和学制具有弹性，能真正提高学生选课的自由度，并有效开发学生的潜能；刘宗佳（2012）、肖爱华（2012）认为，引入学分制可以使教学组织和管理制度变得更加灵活、开放；韦巧燕（2006）则认为，学分制是能使得教学管理具有灵活性，增加课程结构优化组合的多样性，实现人才培养规模的复合性的人才培养机制；王成敬（2006）认为，学分制的实施容易导致教学计划的不完整性和不系统性，使得教学过程难以监控；李友俊、邵强等（2012）则提出，不灵活且缺乏创新性的教学团队发展机制以及不完善的教学团队评价与激励机制都会影响教学团队建设的进程；张强、桥海曙等（2011）提出，高校教育资源多但教学投入不足是制约高校教学团队建设的瓶颈。

三、现行教学管理制度的情况分析

从目前的运行管理机制的状态来看，我国绝大部分高校处在传统学年制的教学管理体制与完全学分制教学管理体制的过渡阶段，即实行“学年制+学分制”的双制度管理体制。但是，随着学分制改革在我国高校教育中被迅速且全面的推广、学分制与传统教育管理体制的碰撞下，高校管理制度对于学分制的承受能力仍然有限，很多问题也随之而来。现以我校金融学院为例进行分析。

1. 课程规划不合理，课程资源浪费严重

学分制运行的基础是有完善的选课制度，其中，“质优、量足、多样化”的课程设置是重中之重。国内外大多数高校采用的是必修课程与选修课程并举的课程设置，选修课则是课程设置是否灵活多样的指标之一。

学院按照学校要求，以150%左右的比例开设专业选修课，表1为学院选修课学分数及比例。但是，培养计划中要求学生所修选修课学分占毕业所需总学分数仅20%左右（见表2）。而且，由于目前的教学管理体制，学生对选修课的重视不够。在2014级、2015级、2016级学生问卷调查和教学检查活动中可知，学生对选修课存在“敷衍了事”的现象，“好通过”“给分高”的课就被学生接受，存在抢着选课的情况；反之则无人问津。学生选课学习却摒弃了“学之有用”的根本原则。在这样的教育机制下，又能要求学生有多高的成就或造诣呢？

表1　选修课学分数及比例

比例 课程类别 专业	必修课		专业选修课		通选课	
	总学分	比例	总学分	比例	总学分	比例
金融学、金融学（实验班）、保险学、投资学	100	72%	25	18%	14	10%
金融学（国际金融）	98	70%	28	20%	14	10%
金融学（国际金融英文班）	109	80%	14	10%	14	10%
金融工程	104	71%	27	19%	14	10%

目前专业选修课提供的数量虽然达不到多样化，但也能满足学生选课使用。在现在毕业条件的要求下，很多学生为了尽快完成学分数，产生了为了学分而选课的现象，使得专业选修课的选课集中度很高，有些专业课甚至从未开设成功，变成了“僵尸课”，即使有学生愿意学习这门课，但是在开课人数的限制下也不能开课，无法选择。此外，有些任课教师因出国深造等原因，课程也不得不停开。正因如此，很多教师因为备课却不被选择，不愿意备新

课；而没有新课，又难以满足课程数量的要求，形成恶性循环。这种现象的存在，一方面，因为大量课程的闲置，造成教学资源和师资精力的浪费；另一方面，因为上述等因素学校并不能达到学分制带来的特色性、灵活性培养的目的，学生也不能享受到自主学习、兴趣学习带来的好处。

表 2　选修课数量及毕业要求选修课学分数

专业班级	提供课程学分	毕业要求学分	课程提供比例（%）
金融学	52	25	208
金融学（实验班）	51	25	204
金融学（国际金融）	50	28	179
金融学（国际金融英文班）	20	14	142
保险学（保险精算）	40	25	160
金融工程	49	27	181
投资学	49	26	188

2. 师资结构难以匹配，教师水平有待提高

选课制度是否完善取决于课程质量和数量，而课程的质量和数量由教师的水平和数量决定。

从数量上看，2004 年教育部规定的师生比为不超过 1∶18，后来调整为 1∶16，而我校在近年大力扩招师资的前提下，各学院平均师生比仍然高居 1∶22。以现在教师的专业能力和工作能力来看，一般一位专职教师准备 1～2 门本科专业课程，最多准备 3～4 门。按照每门课周 2～3 课时、2～3 个班级计算，一位教师每周至少 8 个课时以上，多则逾 20 个课时。这样的课时量，教师备课的精细程度、上课的精力体力、课后作业的辅导和答疑都难以保证学分制下的授课质量，更难以保证学生的学习效果。

从质量上看，学分制因材施教的个性化培养方式，对教师知识深度和广度有较高要求，并且有个性化、创意化的授课方式，达到吸引学生的目的。但是，目前高校教师在“重科研、轻教学”的导向下，对教学方式的研究投入精力较少，对课程“授受”的思考难以深化。另外，由于现在高校的专业划分过细，专业间区分教育，教师对专业知识的纵向深化虽然足够，但是知

识面的广度上却略显不足。

3. 相关教学制度主观性强，欠缺资源平等和公平性

由于学分制为学生提供了足够的自由程度和灵活性，所以选课、退课、学分转换等教学管理方面都需要有相应的制度规范保证其顺利进行。现阶段，高校教学仍然以专业班级为主体，按照教学计划执行。随着转专业、辅修、双培、外培等创新型教学方式的推进，学分转换是很重要的问题之一。例如，转专业学生在学籍转换结束后，要根据新专业的教学计划选择补修未学习的课程或者将已学习的课程通过转换学分相抵。首先，这个过程目前主要是人为操作，主观性太强，客观性不足，导致学生的学分在同等状态下，由于不同教师操作，所转换的学分就不一样，影响学分绩点。其次，很多学生在转换学分的时候，由于原学院的老师给分较高，或者课程内容相对容易，考试易得高分，在成绩转换时可能分数比原来还高，对于正常修课的学生不公平。再次，由于补修课程与本学期应修课程时间必然存在冲突，很多学生只能自学或旁听，单独参加考试，由于缺少平时成绩，听课质量不佳，课程资源未平等享有，可能造成这部分学生比正常修课的学生成绩低，学生学习积极性和主动性都会受到不同程度的影响。再如，作为国际化人才培养的一种有效手段，越来越多的国际交流、交换项目引入本科教学中。学生在参与这些项目回国后也面临同样的问题。而国内外高校的平均学分绩点有不一致的情况，学分、学时、难易程度也不完全一样，在学分转换时加重了人为因素的干扰。

4. 学生个性化增强，自主管理能力欠佳

现代大学生以“90后”为主体，家长的保护欲望过强，家庭条件普遍较好，学生自理能力和自主思考能力弱，但是个性又都很强。学分制弱化了行政班级的概念，加强了教学班的特点，这就需要学生自己对自己负责，从选课结构、课程安排，到课程规划，学生需要足够关注自己的学习计划。在传统教学管理制度下，仍然存在很多学生不能独立自主地完成自己的学业，例如：平时不够关注教学计划和所选课程，毕业的时候才发现自己还少修了学分；或者在转专业的时候，一学期就希望补修很多课程，选了十几个学分的课，导致期末的时候复习吃力，精力有限，最后哪门课成绩都非常不好，影响整体的学分绩点，甚至还要重修；学生自主性差，连个人教学系统都不能

良好使用，导致选课过程中常常因为选错而不自知，导致计划内课程未修够而不能毕业。诸如此类的情况在传统学年制的状态下已经经常出现，如果实行学分制，每个学生会因自身情况不同形成一个独立的教学管理单位，没有办法通过学校的教学管理人员逐一检查和督促，人力、物力资源均无法达到。在这样的状态下，将会有大量的学生因为缺乏主动性和良好的自我管理能力而导致成绩受影响，甚至延迟毕业。

四、推行学分制的必要性及其方法分析

在学生个性化突出的年代，学分制的优点是显而易见的：其一，有利于因材施教。对于能力较强的学生，可以选择难度较大的课程，深化自己的专业水平，缩短学习年限；对于能力较弱的学生，可以增加他们的学习时间，选择难度较低的课程，避免因成绩不合格而选择结业或肄业。其二，有利于教师提高自身水平。选课自由程度高，对教师的学术水平和授课水平都是不小的考验，通过选课机制实现对教师的自动考核和优胜劣汰，学生就像是教师的“粉丝”，教师为了保住自己的“饭碗”，必须不断提升自身专业素质和教学水平。其三，有利于培养与市场需求相匹配的人才。在学分制条件下，由于不受学年、时间、专业的刚性约束，对于学生的双学位、辅修课程等学习创造有利条件，学生可以根据自己的喜好以及人才市场需求选择所需课程；反之，市场对人才的需求也会倒逼高校教师研究创新课程内容和教学方法，对课程和教师实现优胜劣汰。

但是，就目前情况来看，推行学分制仍需要注意四个方面的问题。

1. 打破原有专业壁垒，专业课程选择更广泛

首先，课程数量和专业方向要足够，使得学生真正实现多样化选择，减少学生因被动选择课程造成的资源浪费、学习积极性降低的问题。其次，突破传统的专业班级限制，打破专业集中制。行政班级就是教学班级，教师以“灌输”的方式向学生授课，以“授”为主，而“受”被动，那么学生和教师的思维都会被束缚而僵化，都缺乏求新和深化的主动性，不利于专业研究和人才培养。再次，有的专业为了保证本专业教师的课时量或者工作任务，

尽量不设置其他专业的相关课程，使得被培养人群过于具备本专业特色，专业知识覆盖面窄，很难真正做到培养复合型人才。

2. 灵活取代固化，降低新模式的实施压力

学分制以选课制度为基础，以自主选择为核心，具有灵活性强的特点。打破现行人才培养方案中的教学计划，意味着原有的指定课程或者必修课程将减少或者取消，很多教师、很多课程将面临“无人选择”的地步，对于老教师来说是个不小的考验，而制度的推行也可能因此受阻。所以，任课教师要重新梳理知识结构，创新自己的课程，研究适合的教学方法，学校相关部门也要做好全面协调和疏导工作，做好过渡工作，减少推行过程中的困难。此外，学校对必修课与选修课所给予的教师酬劳系数不同也造成了教师层面对选修课的不重视。建议根据课程难易度、学生选课积极度、教师受欢迎程度等多方面因素综合调整课程系数，减少因此带来的阻力。

3. 选课机制智能化，相关配套管理机制需完善

对专业课的认知水平、教师的教学水平、考试成绩、开课人数和学分限制等因素都会影响学生的选课结果。随着高校各种个性化培养的开展，例如：设置国际班、实验班、卓越班等教学班级，“实培”“外培”“双培”等项目的推进，转专业、辅修等多种培养方式的建立，各类学生在选课系统中受到教学班和特色专业课程的限制，选课并未完全开放，其他专业班级的学生也不能选择个性化培养的课程，即使可以选择，也并不计入个人的学分体系中。此外，实践课学分比例相对较低，大部分专业课程将实践学分融合在课堂教学学分中，逐渐演变成为选修变必修的状态，反而造成学生对课程的兴趣降低，难以体现学分制的本质。如果可以将实践课单独成立，独立计算学分，并将专业课程以大类划分，在选课系统的设置中取消专业限制，要求学生大类选课，规定每一大类学分的数量要求，也可将计划内课程和计划外课程以一定方式抵学分，既在有限的课程资源内扩大了课程数量，提供多样化选择，又拓宽了知识面，强化了横向学习，还能起到督促学生自主、自理的能力。

4. 评价体系需调整，师资结构要合理

学分制的特点要求教师具备足够的专业知识储备，既能够做到纵向的专业深度，又具有横向的知识广度，同时具有良好的教学风格。评价体系是学

分制运行的质量保障，也是目前主要考评教师教学效果的方式。目前主要的评价体系是凌驾于选课系统以外的网络匿名评价体系，实质上并不会对学生选课、教师的选择起到决定性作用，这就导致学生对教师评价很难公平、公正、认真、客观对待，更多的是对教师的一种“人格魅力”的评价，而这种魅力是可以根据作业量、打分高低等因素与教师进行“讨价还价”的。目前的评价机制限制了教师的权利，由学生单方面进行打分决定教师的授课水平，而这种评价基本上不是对课而是对人，完全失去了评价的意义和目的。评估应该是一种促进教师水平和课程内容提升的一种良性循环的方式，但是在目前的教学机制下却本末倒置了。因此，在评价系统中，除了客观地选择打分，还可以增加学生的主观评价，要求写出原因和理由；同时，要求教师对班级学生出具评价，两者结合，并根据教师期末成绩，从正反两面做出综合评价。另外，还需增加督导、同事等相关人员的评价，从侧面反映教师的评价状况。良好的评价体系可以促进教师提升专业素养，拓展知识面，提高教学能力，研究因材施教的教学方法。

五、结语

高校教学的目的是为了满足经济发展需求，培养对社会有实践意义的人才，是人才培养的关键环节。有效提高高校教学水平、提升教学品质，建立与国际化接轨的人才培养机制是国内高校的首要目标。在向学分制的过渡阶段，应当重视并从根本上逐步解决目前存在的问题，避免教学资源的浪费；同时，对学分制的发展进行有意义的评估和改革，力争创造公平、客观、优质的教学环境。

参考文献

［1］关颖婧，邹林斌．论高等教育大众化进程中的精英教育［J］．河南科技学院学报，2012（06）：33－35.

［2］宋燕．我国大学教学评价制度的反思与重构［J］．现代教育管理，2010（08）：49－51.

[3] 李延保. 我国大学本科教育改革的新趋势 [J]. 中国高等教育研究, 2013 (07): 19-22.

[4] 徐华, 郭炳心. 国内外高校学分制发展历史综述 [J]. 中国科教创新导刊, 2014 (01): 11, 21.

[5] 左树强, 王倩. 浅析学分制下高校课程设置的改革 [J]. 高等农业教育, 2007 (05): 45-48.

[6] Abdulkadiroglu A, Sonmez T. "School Choice: A Mechanism Design Approach" [J]. American Economic Review, 2002, Vol. 93: 729-747.

[7] Abdulkadiroglu A, Pathak P A, Roth A E, Sonmez T. "The Boston Public School Match" [J]. American Economic Review, 2005, Vol. 95: 368-371.

应用工学思维 培养金融复合型人才

——金融工程本科教学探索与实践

王德河　赵大萍[①]

【内容提要】针对国内金融工程专业的发展状况，本文提出，要立足于金融工程专业交叉学科的特点，树立“强化工程思维，培养复合型金融人才”的教育理念；从结合人才需求、紧跟学科前沿、发挥学生个性三方面入手，逐渐探索出提升学生的金融思维与工程技能，培养金融工程专业复合型人才的途径。近年来，首都经济贸易大学金融学院在金融工程系的教育改革和教学实践中已经摸索出一些经验，取得了良好的效果。

【关键词】金融工程　人才培养　工程思维　复合型人才

作为一门交叉型学科，金融工程是指一切利用工程化手段解决金融问题的技术开发。金融工程学专业于2000年引入我国，此后财经院校纷纷开办该专业。这些院校虽金融专业底蕴深厚，但却缺乏对数理基础的重视，如何将二者有机结合，培养优秀的金融工程专业人才成为亟须解决的问题。

作为国内传统财经院校之一，首都经济贸易大学金融学专业已有近40年的悠久历史，学科底蕴深厚。金融工程系自2010年建系以来，立足于金融工程专业交叉学科的特点，从结合人才需求、紧跟学科前沿、发挥学生个性三方面入手，对于金融工程人才的培养进行有益的探索，逐渐形成“以工学思维培养金融技术人才”的培养理念，致力于夯实学生数理功底，提升学生的实践能力与创新能力，培养复合型卓越人才，并摸索出一些经验和成功的做法。

---

① 王德河（1966—），首都经济贸易大学金融学院副教授，研究方向：金融工程；
赵大萍（1987—），首都经济贸易大学金融学院讲师，研究方向：金融市场。

一、立足国情，大胆探索

金融工程专业最早起源于美国，但美国金融工程人才培养集中于硕士阶段。例如：哥伦比亚大学和普林斯顿大学将金融工程硕士设置在工程学院培养；芝加哥大学、斯坦福大学和康乃尔大学模式侧重于理论方面的研究，将专业设置在数学或统计学院；加州大学伯克利分校将金融工程专业设置在商学院。而目前我国在本科层次设有金融工程专业，因此，照搬美国模式很难符合我国的实际情况，培养出我国所急需的专业人才。鉴于此，我们从学科本身的特点和基本要求出发，立足我国大学本科教育的基本特点，突出金融工程的工科特征，强化学生的工程和系统思维训练，强化学生的数理逻辑思维和实践能力，在课程设置、教学内容和方法等方面都做了大胆的探索。

二、以往的主要做法

（一）人才培养体系的构建

我们在“以工学思维培养金融技术人才”的教育理念下，从致力于提升学生的金融思维与工程技能、培养金融工程专业复合型人才出发，构建与遵循了如图 1 所示的人才培养体系。

（二）人才培养方案的实施

1. 立足学科特点，确立“以工学思维培养金融技术人才”的教育理念

作为一门交叉型学科，金融工程学强调利用工程化手段解决金融问题的技术开发。立足这一特点，金融工程系通过调查研究、了解社会对专业人才的需求，紧跟学科前沿，并结合学生需求，注重发挥学生个性，在人才培养方面提出“以工学思维培养金融技术人才”的教育理念，不仅帮助学生掌握扎实的金融理论基础，也更加重视对学生工程思维的培养。

工程思维是在工程的设计和研究中形成的思维，是一种筹划性的思维，是运用各种知识解决工程实践问题的核心。围绕这一理念，结合金融一体化

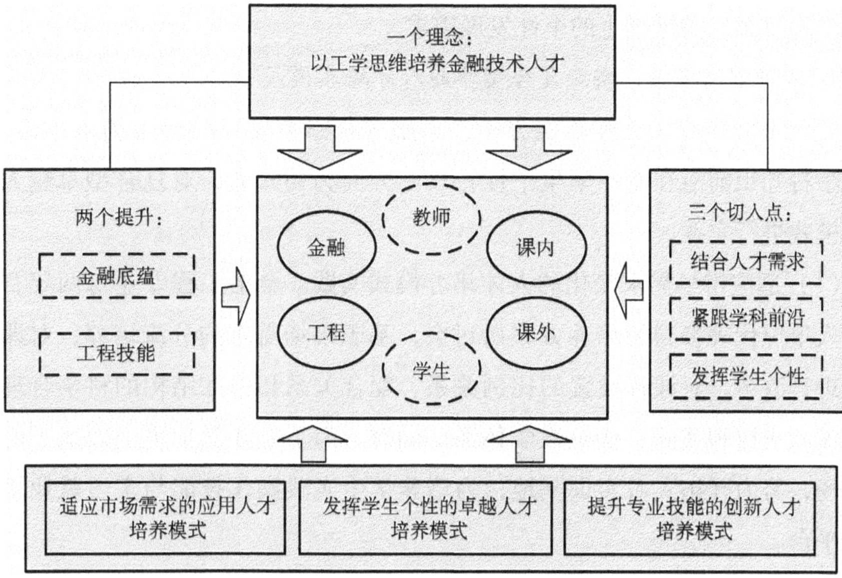

图 1　金融工程人才培养体系示意图

的国际金融体系发展的大趋势，要求学生在掌握扎实的经济学基础、金融学理论的基础上，精通数学、统计学以及计算机软件技术，帮助学生强化工程化思维，培养金融工程专业复合型卓越人才。

2. 紧扣培养目标，注重学生金融底蕴与工程思维的提升

通过近年来的教育实践摸索和总结，金融工程系对人才培养方案逐步优化，加强实践环节的建设，致力于提高学生的专业素质和应用能力，逐步缩小专业人才培养与社会需求之间的差距。具体包括以下两项措施：

（1）招收理科生源，增加数学和信息类实验课程的比重。数学知识和计算机信息技术是金融工程人才不可或缺的工具，也是进入金融工程领域的主要门槛。基于此，金融工程专业从生源入手，仅招收理工科学生，并增设数学分析、程序设计基础、金融计算等课程，培养学生将金融问题转化为技术问题并加以解决的能力。

（2）打造计算机建模、金融数学以及金融理论与实践教学模块，深化专业核心课程与专业拓展课程之间的层次划分。专业选修课分别涵盖计算机建模、金融数学以及金融理论与实践三个模块，可以对专业必修课形成有益的拓展和补充，保证学生可涉猎金融学科的各个领域，强化培养学生的金融理

念和工程思维，满足学生的个性发展需求。

3. 依托不同层次，实践复合型卓越人才培养模式

在人才培养模式具体落实方面，金融工程系主要以结合市场人才需求、紧跟学科知识前沿和发挥学生个性特长三方面为切入点，对复合型卓越人才培养模式进行实践。

（1）适应市场需求变化的人才培养模式实践。金融工程专业每两年召开与用人单位代表参与的培养方案研讨会，基于市场需求的分流培养，对课程设置进行改革，对课程设置的比例关系、配合关系和内在结构的科学合理性展开深入研讨和实践，优化教学体系。同时，为了能让学生更全面地了解金融市场，努力开拓实习实训基地，为培养学生实践操作技能与实习就业搭建良好平台。

（2）发挥学生个性的卓越人才培养模式实践。为了充分发挥和利用成绩突出的学生的个性与特长，提高人才竞争力，针对“精英”学生，采取“卓越人才培养模式”改革，即从大一配备校内导师，采用研究型、探究式教学方式，实行个性化培养，注重培养学生的学习能力和创新意识；同时，在实习基地聘请合适的管理人员担任校外导师，为学生进行专门指导，着力培养学生的实践能力和组织协调能力。

（3）提升专业技能的创新人才培养模式实践。倡导启发式、讨论式、情景式、问题式以及协作互动式教学方法，在课堂内外为学生举办结合教学内容的学科前沿报告，帮助学生了解专业知识最新前沿与动态。结合实验室条件为学生进行具体问题的实训模拟、实验仿真和实战训练。鼓励和辅导学生参加全国数学竞赛、全国及美国数学建模比赛、“中金所杯”金融期货及衍生品知识大赛等竞赛活动，增强学生的动手实践能力和数量分析的能力。

三、实践成效

（一）人才培养能力显著提升

目前金融工程系在巩固已有的工商银行等资源基础上，努力开拓更多的

实习实训基地，正在联系建立的专业实习基地有3个：中信建投证券股份有限公司、泰康人寿资产管理公司、宏源期货有限公司，为培养学生实践操作技能与实习就业搭建良好平台。

已建立的“金融与管理实验中心”属国家级金融实验室，集实训模拟、实验仿真、实战训练于一体，下设数字化金融实验室、数学建模实验室等13个专业实验室，为金融工程人才培养提供了有力支撑。

（二）人才培养水平不断提高

1. 学科竞赛成绩斐然

自2010年建系招生以来，金融工程系已培养学生240名，至少62名学生在全国各项学科比赛中获得佳绩，获奖学生占总人数的25.8%，获奖情况如表1所示。

表1　金融工程专业学生学科竞赛获奖情况一览表

竞赛名称	获奖档次	金融工程系获奖人数
全国大学生数学竞赛	国家一等奖	1
	国家二等奖	2
全国大学生数学建模竞赛	国家二等奖	9
	北京市二等奖	26
美国大学生数学建模竞赛	国际一等奖	1
	国际二等奖	12
	国际三等奖	11
总计		62

金融工程系学生在全国大学生期货及衍生品知识竞赛等专业性学科竞赛及中美数学建模竞赛中屡获佳绩，显示应用工科思维，传统财经院校金融人才培养模式改革初见成效。

2. 学生就业情况优良

金融工程专业现有学生120名，从2014年开始步入学生就业的环节，2014年和2015年的毕业生就业率均为100%，考研率连续多年在学校名列前茅（见表2）。

表2　金融工程专业毕业生深造人数统计

届别	毕业生人数	考研录取人数	考研录取率（%）
2014	30	9（4人出国）	30.0
2015	39	15（5人出国）	38.5

从学生的就业去向亦可以看出，金融工程专业目前培养的学生主要进入金融机构中风险管理、资金募集及投资管理等部门，与本专业人才培养目标基本吻合。

3. 生源质量明显提升

在北京地区生源的招生中，金融工程专业的生源质量在学校中一直处于领先位置（见表3），受到家长和社会的一致好评。

表3　金融工程专业在北京市招生分数情况

项目＼年度	2015	2014	2013	2012
金融工程专业分数招生分数	632	605	617	556
学校录取分数线（理工类）	605	575	580	500

“大学之道，在明明德，在亲民，在止于至善”。中国的金融行业正处在快速发展阶段，金融工程专业高素质人才培养事业任重而道远。首都经济贸易大学金融工程系将继续秉持“应用工学思维，培养金融复合型人才”的理念，在传统财经高校金融工程专业复合型卓越人才培养模式改革与实践的道路上砥砺前行、再创辉煌。

金融工程学科在我国的兴起虽然经历了十几年的时间，但仍然非常年轻。要想办好金融工程本科教学和人才培养还有很长的路要走。我们将继续探索，以便为金融工程教育做出更多贡献。

对国际金融全英课程建设的反思

周　晔[1]

【内容提要】通过国际金融系3年全英课程的教学实践，发现存在着学生理解以及教师理论讲授进度过慢、教学绩效考核困难、进一步深造及毕业就业三方面的难题；针对这些难题，笔者撰文，对改进全英教学课件、避免滥用多媒体元素，以及强化微观金融课程建设、培养实用型人才等提出针对性的建议。

【关键词】全英课程　国际化　课程建设

一、全英教学课程建设的初步探索

随着全球化进程的不断推进，我国对外交流与合作愈加频繁，国际交流能力已成为高校财经专业，特别是国际金融专业学生所必备的一项能力。因此，国内诸多财经类高校在教学实践过程中大力推行全英教学[2]，进行教学尝试和大胆创新。为了适应国内竞争，我校金融学院以建设国际化特色鲜明的高水平教学体系为目标，通过开设全英教学班来实现国际化课程体系、国际化教学内容、国际化教学语言和国际化人才质量的教学效果。

不可否认，推动全英教学在完善学科专业建设、提升专业教学层次和提高专业教学质量等方面具有重要意义。国际金融专业以培养具有较深厚的国际经济理论功底，熟悉国际货币流通与资本流通规律，掌握国际金融业务技

---

① 周晔（1972—），首都经济贸易大学金融学院副教授，研究方向：金融市场和金融机构、金融风险管理。

② 这里的“全英教学”，是指教师在专业学科教育中完全使用英语进行专业学科理论内容的讲授。

能的复合型、应用型高级专门人才为根本目标。而全英教学正是为国际金融专业的教学模式与国际先进教学模式接轨提供了良好的平台，突出了“国际化”的特色；使国际金融系在教育教学中得以充分吸纳和借鉴国外先进的金融理论知识、理念与方法，理解和掌握国际惯例和通用准则打下了坚实的基础；同时也有利于进一步明晰学科定位和教学优势、优化专业结构与布局，培养面向国际金融市场，具备国际竞争力和国际合作与沟通能力的学生。

国际金融系在开设全英教学之前，大致经过了3年左右的探索。3年前，国际金融系学生的毕业走向主要以就业为主，深造率不足40%，那时国际金融学专业还是以培养应用型人才为导向的学科。自2013年起，在国际金融系新的人才培养理念之下，通过突出专业建设的“应用性”和“国际化”特色，部分引入全英教学，学生质量明显提高，学生对学术的热情和追求逐年上升。截至2015年，短短两年时间，毕业生深造率就由2013年的39%上升至62%，考取国内名校研究生的比例上升了100%。毫不夸张地讲，国际金融系教学的“国际化”导向为全英教学的实施打下了扎实的基础；同时，通过近3年的教学探索，我们也总结出全英教学的一些宝贵经验以及存在的部分问题。

二、全英教学中存在的问题

1. 学生理解及理论讲授难题

国际金融专业是理论性很强的课程，在学习的过程中涉及经济、管理和会计等学科的内容，同时要求数学思维较强，所以理解起来比较困难，再加之全部用英文授课，学生普遍反映在全英文的环境中学习存在以下一些问题：

（1）专有名词难以掌握。国际金融专业的学习涉及的专有名词非常多，并且很特殊，不像其他科目的名词，比如 interest rate（利率）、GDP 那样经常能够接触到，或者从字面上就能够理解得差不多。国际金融中很多名词非常晦涩，如 Marshall-Lerner condition 等，单从字面理解有些甚至会出现很大的误差。

（2）内容不易理解。金融专业的知识体系很庞杂，所用的分析方法也很独特。虽然不需要太高深的数理知识，但要想理解得很透彻也非常困难，尤其是在英语授课的时候理解起来就更加困难。比如，在讲到国际收支理论时，汇率稳定、资本流动和独立的货币政策之间的关系等复杂问题时，深入分析又会使学生顾此失彼，经常会混淆起来，再加上英文版的教材独特的知识体系和繁杂的分析，学生复习起来往往是耗费很长时间也不得要领。

（3）对金融产品缺乏感性认识。国际金融专业是一门与国际收支紧密联系的学科，涉及很多国际结算的相关知识。虽然学生们已经步入成年，但多年的从书本到书本的教学方式，从校门到校门的人生轨迹使他们对国际贸易的相关知识一无所知，从而导致国际金融授课的困难。比较典型的例子就是在讲授国际结算和国际金融市场时，学生理解起来特别的困难。

（4）学生对英文原版教材接受度低。教材是高校人才培养工作的基础性依托，其选择应以是否“有助于达到人才培养目标”为基本规范和根本标准。例如，国际金融系选用的国际金融教材是克鲁格曼的国际经济学。这种纯外文版的教材动辄数千页，部分内容都结合案例或者讨论的形式，对早已熟悉了国内教材形式的学生来说不能很快抓住重点；另外，受英语水平和专业知识的限制，读起来也比较费力，于是大部分学生购买了国外教材的中译本。这种学习方式在教学中产生了一些负面影响，部分学生会过分关注和依赖汉语信息，忽略原版英文教材的学习和体会，从而削弱英文教学的作用。考虑到今后会引入 8 本全英教材，学生对专业知识的理解和吸收还有待于进一步地检验。

2. 全英教学绩效考核困难

大学教师的绩效往往具有自我评价的性质，因为学生的分数是由授课者本身评定的。如果将学生的分数作为考核教学绩效的指标，教师就会有简化考题、抬高分数的激励。为了避免自我评价的问题，学校采取学生打分，即“学评教”的方式考核教师的教学绩效，这在教学上是很有问题的。在教与学的知识传授过程中，教师对某个特定领域的知识把握会更加透彻，而学生往往难以准确评价教师授课的质量。而且，学生在给教师打分时，往往还会受到其他一些因素（如口才、性格、是否幽默、课程难度，甚至相貌和对学生评分是否慷慨）的影响，这些因素都会降低学生打分的准确性。

考虑到知识传递具有双边道德风险的性质，教学绩效不仅依赖教师的传授努力，而且还依赖于学生的吸收努力，人们很难确定教学绩效不好是因为教师不努力还是因为学生不努力。更为重要的是，教学绩效往往需要很长时间才能真正体现出来，而学生所接受的大学教育在本质上是由多个教师共同提供的，是一种“团队生产”，大学很难将绩效分解追溯到某个特定教师。正是这种教学效果难以评价的性质，就更加体现了建立科学的教学效果评估机制的重要性。

3. 进一步深造及毕业就业难题

全英班教学的目标是培养高级专业人才，试图通过4年主要专业课程的全英文（双语）授课及实践，毕业生能以英语为生活、工作语言，既可以选择继续到国内外大学深造学习，也可以主动选择一流的国内外企业就业。虽然我校对外交流频繁，但由于诸多的历史原因，金融学院没有与国外高校形成固定的合作办学模式，致使国际金融系所开设课程与国外高校的课程衔接有一定难度。国外研究性大学之外的高校课程设置偏重实用性，其课程设置的原则是：凡与就业没有直接关系的课一概不开设。他们认为，大学教育的目的是直接面对和适应竞争十分激烈的就业市场，而金融学院之前早期国际金融专业的全英课程却在设置大量的“外语课”，如112582B、113693A和113633A。由于课时所限，存在大量的教学内容无法涉及。学生修读这些课程，在专业知识上进步较慢，仅当外语课学习而已。同时，国际金融专业课程偏向宏观，学生学了一大堆理论，空有“屠龙”之技，工作后却面临“杀猪”难题。

此外，在4年的学习过程中，学生成绩出现两极分化的现象，以致部分学生出现就业定位或英语基础过低的情况。他们对全英语课程持否定的态度，正如有些学生所说，“全英语教学并不能为我增加就业筹码”“由于自身英语基础较差，所以全英语教学反而影响我学习专业知识”等。

三、对全英教学的改进建议

1. 降低理解难度，提高学习兴趣

学生的英语水平在很大程度上影响了全英语教学的授课效果。英语水平欠缺阻碍了学生对专业知识的理解和运用。难度较高的专业课程全英语教学，要想取得好的教学效果，离不开学生的积极配合与师生互动，学生的求学态度很关键。而目前针对整个班级的全英语教学，肯定无法满足班上所有学生的要求，这是全英课程体系建设中遇到的关键问题。针对这个问题还需要建立入学英语水平测试以及末位淘汰等机制，以实现优中选优，提高教学质量。

针对不同难度的课程也可以进行不同程度的全英教学。学生在本科 4 年的学习过程中，应该随着年级的升高，全英授课的难度可不断加大。因为低年级如大一学生的英语水平不高，如果在这一阶段的专业课教学过程中过多使用英文教材和用英语授课，可能会导致部分学生专业知识“漏损”，甚至丧失对本专业的兴趣的不良后果。此外，在国际金融专业的课程设置中，“金融工程”“公司金融”“投资学”等课程理论性较强，不适于在本科阶段全部开展全英教学。因为很多知识即便用中文讲解，学生也需要花费一定的时间才能理解，若采用全英教学会影响到课程的教学质量与水平。

2. 教学课件要注意板书的设计，多媒体元素不能运用过滥

在传统教学中，因为受现场板书时间的限制，教师都会尽量使板书简明、扼要。但在采用全英教学后，可以先把英文课件做好，部分年轻教师会把大段的英文往课件里塞，课件成了“教材搬家”或“讲稿搬家”的场所。面对满屏幕的密密麻麻的英文，本来英文功底就不足的学生一看就反感，英文学习认真的学生也找不到重点，不知如何记笔记。所以，采用全英教学尤其要注重课件的简明、扼要。

此外，英文课件中多媒体的应用要适度，并不是图片、声音、视频用得越多越好。有些多媒体课件，背景非常华丽花俏，并采用了一大堆与教学内容毫无关系的效果。这些不恰当的应用，反而会破坏良好的学习氛围，分散学生的注意力，影响课程内容的吸收消化。

对于母语不是英语的中国学生来说，不适合对全日制地方性本科院校的学生开设全英教学。应当从学生英语水平的实际情况出发，尊重教育的客观规律，否则会挫伤学生学习专业知识和英语的热情，因而这部分课程可以选择双语讲授。

3. 纯英文与双语授课教材 、教辅书籍的选择

众所周知，“教师—教材—学生”是经典的教学三要素，教材是联系学生和教师完成教学任务的重要桥梁，亦是培养学生自学能力 、终身学习的关键之所在。

国际金融系开设的纯英文课程所选择的教材虽然全部是国外名校所采用的经典原版教材，但同时更需要在每学期期初为学生推荐“含金量高”的中文教辅书籍。这一环节看似简单，实则奥妙颇多，因为要从学生所处的年级以及课程的掌握程度为其准备书单，以促进学生自学能力的培养，还要促进对外文原版教材的理解，保证教学任务的顺利完成。

4. 强化微观金融课程建设，培养实用型人才

进一步加强微观类金融专业课程的设置。目前，随着金融理论从宏观抽象转向技术化、实证化和微观化研究方向的发展，国际金融专业教学也应该顺应这种微观化的金融发展方向，与国外国际金融学教学模式接轨，增加微观金融方面的课程，内容包括风险管理、投资实务、家庭理财和公司融资等。加强微观类课程建设，有利于学生接近和了解现实，将所学的知识应用于实际。当然，强调微观类课程建设，并不意味着宏观类课程建设不重要，应该是宏观、微观金融课程的平衡发展。

此外，国际金融专业学生的实践能力有待进一步增强，已成为用人单位和教育部门的共识，而产学合作教育是国际公认的增强学生实践能力的有效途径。为此，设置一个完整的实践实训教学体系，对提高学生专业技术能力和解决实际问题的能力以及创新能力都是十分重要的。今后，通过建立金融模拟交易系统，对学生将来从事各金融领域的真正交易有着很好的指导意义，因此，未来亟须引进实验人才充实实践教学队伍。

最后，需要清醒地看到，尽管历经十余载，全英教学在金融学院师生的共同努力下，专业核心骨干课程采用纯英文或双语授课已初见成效，但仍然存在不足之处。如何制定出科学合理的教师教学质量评价体系，如何使双语师资与学生英语水平的进一步提高等，这些方面仍然需要不断改进和完善。为了取长补短，全英教学也依然需要向具有相似办学定位的学校借鉴，学习其他高校的全英及双语授课的建设性成果，促使教学质量持续稳步提高，这

些问题也许会是下一步教学质量提升的关键所在。

参考文献

[1] 郭桂杭．商务课程全英教学的策略刍议［J］．广东外语外贸大学学报，2007（09）．

[2] 王维璐．高校《国际金融》全英教学的可行性及问题解决方法初探［J］．科教文汇，2007（08）．

[3] 蒋基路．《会计英语》全英教学启示：定位与规划［J］．广东外语外贸大学学报，2007（05）．

[4] 吴文莉．金融专业本科层次全英教学模式的探讨［J］．科技信息，2007（05）．

“财富管理”课程理论性与实用性并重的教学改革探索

唐伟霞①

【内容提要】“财富管理”课程近年来从理论性和实用性两个方面进行了教学改革的探索，对这一过程进行梳理，总结经验教训，其目的是为进一步提高教学效果指明方向，以学生为本，激发大学生主动学习的热情和动力，提高课堂参与度。

【关键词】财富管理　理论性　实用性　教学改革

笔者从事“财富管理”课程教学已经有9个年头了。课程名称几经变更，从“金融策划基础”到“金融理财学”再到“财富管理与金融策划”；所用教材也有多个版本，参考书有CFP（注册金融理财师）考试用书，有国内中文教材，也有美国出版的英文教材；课堂组织形式也进行过多方面的探索。笔者试图从理论性和实用性并重的角度总结梳理“财富管理”课程教学中的一些经验教训，分析存在的问题，从而提出下一步课程教学努力的方向。

一、大学专业课程理论性与实用性并重的意义

高等教育阶段大学生课程设置的理论性和实用性都很重要，对于社会科学而言尤其重要。在两年半的专业课程学习中，学生既要打下坚实的专业理论基础，又要注重实用性，理论与实践相结合才是学习知识和技能最好的途径。学生毕业之后，无论是继续从事研究工作还是走上工作岗位，都必须有一定的理论基础指导其工作实践。当然，工作中遇到的很多现实问题都不可

① 唐伟霞（1977—），首都经济贸易大学金融学院副教授，研究方向：国际金融。

能从书本中直接找到答案，但是分析问题和解决问题的能力却是在高等教育阶段的理论学习探索中获得的。专业知识的实用性并不只是通过社会实践活动这一条途径获取，绝大多数实习单位并不会让大学生接触实质性的工作，很多工作都是作为局外人的打杂事务，其中有实习单位的客观因素存在，比如，一个项目的启动到完成至少需要 3 个月的时间，而实习生只有不足一个月的时间，不可能了解项目运行的全貌，也不可能独立解决什么关键问题。所以，在大学生的专业教学中增加实用性技能的比重就显得非常关键。

作为专业课程的授课教师，我一直在考虑如何融合课程教学中的理论性和实用性。不同于 10 年前或 20 年前的大学生，知识的获取更多的是通过教师传授的渠道，当代大学生身处互联网信息发达的时代，任何知识都可以通过手机随时随地获取，知识获取的便利性和碎片化对于大学生解决问题的能力而言，有利也有弊。利处在于时效性和便捷性，弊处在于缺乏深度思考。身处知识的汪洋大海，学生会面临更多的疑问和冲突，如果不求甚解，只能让自己无所适从，甚至丧失对有效信息的辨识能力。主动思考与被动接受的矛盾在当代大学生身上表现得更加突出。做一份课堂作业，完成一篇毕业论文，虽然借助于网络，可以很快拼凑完成，但是这些文章缺乏深入思考和辩证思维，总是人云亦云，文中自相矛盾的地方比比皆是而不自知。

正是基于以上两个方面的思考，笔者近年来试图通过“财富管理”课程教学的改进，帮助学生独立思考，辩证分析，积极参与，快乐学习。

二、“财富管理”课程教学理论性环节的改革探索

理论学习的重要性无人可以否认，但是大家又深感理论学习的枯燥无味，尤其是对于刚刚入门的大学生而言，教师在教学中除了鼓励学生克服畏难情绪以外，还要尽可能地通过丰富教学方式提高学生的理论学习兴趣。理论学习就如同爬山爬到山顶之前的辛苦，只要坚持下去到达山顶就可以领略理论学习之美，也才能灵活运用于实践、指导实践。有人持“大学阶段理论学习无用论”，或许是没有品尝到理论学习的甜头。金融学科是应用经济学，对实践性要求很高，国外大学的金融学教授大多都有在业界显赫的成就或者是兼

职教授，尽管如此，金融学的理论学习也不能忽视。

金融理财是一项综合性强、复杂程度高的金融服务，并不仅仅是学会投资，还包括如何与客户建立良好的关系，如何获取客户的财务状况，如何帮助客户认清自身的人生目标和财务目标，如何帮助客户进行职业规划和提升，如何帮助客户制定合理的消费预算，如何帮助客户按照不同目标进行合理储蓄，如何投资积累财富以及如何保障财富安全，提高财富的控制能力等。如此复杂的金融服务，没有一定的理论基础是无法完成的。量身定制因人而异是前提，客户唯一不变的就是改变，面对复杂的情形，必须遵循一些通用的规则和服务程序，其中蕴含的理论基础必须在教学的过程中逐渐向学生阐明。

理论学习的枯燥是可以克服的，这是我在多年教学中一直坚信的。只有教师将各种理论烂熟于心，才能在解释具体问题时得心应手，讲得兴高采烈，学生听得也毫不费力。理论与实践是从一般到个别、从抽象到具体的关系。正是因为金融理财过程中的复杂性和多变性，才更显得理论学习的重要。由于财富管理的特殊性，小到个人家庭的变故，企业高层的更替，大到某项政策的出台，两国领导人的会晤，都可能会影响到最终理财方案的制定，这就要求金融理财师时刻关注时事，提高金融理财的敏感度。在课堂教学中，以案例的方式阐述具体事件对家庭理财的影响以及其中蕴含的必然联系，学生接受起来就比较容易。“财富管理”的先行课程包括经济学、金融学、法学，所以大多数相关的理论知识应该是在其他课程中已经涉及的，在本课程教学中只是拿来运用，也提高了学生对理论学习的热情。本课程特有的理论基础包括生命周期理论、家庭投资模型、性格特征、行为心理学和客户风险属性等，我会用课程教学的前三分之一的时间具体介绍。

三、“财富管理”课程教学实用性环节的改革探索

一门课程要想得到学生的喜爱，理论性和知识性长远来看重要，但是实用性和趣味性却是即刻就能让学生感受到的。在这方面，我通过对比各种版本的教材参考书以及美国大学使用的教材，摸索出一些经验，并加以运用和借鉴。美国大学的教材大多是以大学生为主体，也就是将大学生自己作为金

融理财的客户，从客户的角度思考理财服务中每一个环节应该如何做规划；国内的中文教材（包括 CFP 考试用书）大多是从金融理财师的角度出发，如何指导客户进行理财规划。两种角度各有利弊。在教学过程中，只有在与客户打交道环节，针对不同客户运用不同的沟通技巧方面，从金融理财师的角度阐述才比较合适。其他模块的教学基本上是参照国外大学教材的方式，结合我国国情进行一些改进，以提高学生在制定自身理财规划时的指导性。

课程教学进入实用性环节，我会将班级学生进行分组，自由组合，就像一个模拟家庭。每个模块都有一些讨论环节，由每组推荐的一名学生阐述本组的意见。在有些模块上，参照美国大学课堂设计一些小游戏，提高学生的参与度和积极性。

在教学中间三分之一的时间里，将客户一生的财务活动划分为赚钱、花钱、存钱、投资、保障和遗产继承六个阶段。赚钱环节实际上就是帮助客户进行职业规划，而这也是大三学生首先考虑的现实问题。毕竟财务的终极目标是财务自由，没有收入连财务安全都谈不上。要赚钱就要找工作，要找工作就要写简历，而现在的简历借助于网络千篇一律毫无新意也是让用人单位头疼的事情。我给学生的第一项作业就是写出简历中的亮点，站在用人单位的角度考虑，简历中最重要的信息是什么。当然，认清自己也是关键的一步，要了解自己的能力与潜质的本质区别，对将来的工作和事业有清晰的把握。课堂上我为发言的学生计时一分钟，模拟面试中的自我介绍，至少有三个要求：条理清晰，语速适中，激情饱满。另外还专门设计了游戏环节：让每位学生写出一项自己最不愿意从事的工作，然后传递给旁边的学生，最后再让学生发言如何将这项工作做好。这样的游戏不仅仅是增加课堂学习的趣味性，活跃课堂气氛，主要目的是让学生学会接受工作中的不如意，与期望有落差时该如何应对。

最后三分之一的时间就是团队合作。从多个客户资料中选择一个客户制定理财规划书，分工合作，组内成员需要用大量的时间讨论和争辩。思想的碰撞和理念的不同或许只有在讨论中才能显现。遇到不同意见教师可以参与，给予协调或者提出不同的角度，或者指出尚欠考虑的环节。受到可汗教育"翻转课堂"的启发，作业课后做，课堂上集中讨论和解答疑问才是理想中的课堂。在这个过程中，我也从学生身上学到了很多东西，两代人的观念确实差别很大，新的元素随着一届又一届学生的启发而增加到以后的课程教学中。本来，社会科学的学习就没有绝对的对与错，有的只是根据社会现实不断完善和进步，课程涉及的理财方案也永远没有完美的答案，有的只是学生们不断地探索和努力。有些小组成员能够找到很好的支撑材料，给予客户强有力的信心和更有说服力的建议。这些就是本课程希望达到的教学目标之一。也应该是金融学专业人才培养的目标之一。金融服务水平并不能仅仅通过知识的掌握来提高，更重要的是知识的运用以及在运用过程中，对出现问题的解决能力。

四、课程教学改革中存在的问题和未来努力的方向

课程教学改革一方面要提高学生的学习兴趣和参与度，让学生学有所成、学以致用；另一方面还要设计合理公平的课程考核机制。大多数大学生的学习主动性比较差，多年应试教育的惯性使得学生更注重分数。如果作业太多，学生需要付出的时间多了，他们就会有怨言，浮躁应付的惰性心理还是有的，如何帮助学生克服这种心理也是本课程教学改革中遇到的一大障碍。关于出勤考核，如果每次上课都点名签到，势必浪费宝贵的时间，于是以小组为单位的考核就设计出来了。每次上课教师只要清楚每组成员的出勤情况就可以，组内缺勤几个人就扣几分（事假病假除外），这样学生之间就会形成监督。任何机制的设计，只要公平就容易执行下去。

平时作业以及随堂测验可以体现出学生之间的分数差异。最终的期末考试也是以小组为单位进行考核，这样有助于加强团队合作，互帮互助。课堂上要求学生必须记笔记，不能看手机，这也是网络时代课堂纪律的新挑战，是教师的魅力与手机的魅力的一场比拼。只要是严格要求，一视同仁，学生们还是能够尊重老师、加强自律的。

未来努力的方向应该是更新案例，与时俱进，想办法让学生为自己设计理财方案，提高个人的财商水平，使其受益终身。每学期开始的一项作业就是记账，因为理财从记账开始。这是一项软性作业，不做硬性要求。如何检

测该项作业的效果也是未来需要解决的难题，让学生形成记账的习惯，树立理财的意识。

参考文献

[1] Kapoor, Dlabay and Hughes. Personal Finance [M]. The McGraw - Hill/Irwin, 10th Edition, 2013.

[2] [美] 霍伦，罗宾逊. 新财富管理（the New Wealth Management: the Financial Advisor's Guide to Managing and Investing Client Assets）[M]. 北京：机械工业出版社，2014.

[3] [美] 范·K 撒普. 通向财务自由之路（Trade Your Way to Financial Freedom）[M]. 北京：机械工业出版社，2015.

[4] 苏祺. 金钱逻辑——MBA 商学院最受欢迎的投资理财课 [M]. 北京：同心出版社，2013.

[5] 知乎. 金钱有术——987433 个赞同认证的金融选修课 [M]. 北京：中信出版社，2015.

[6] 北京金融培训中心，北京当代金融培训有限公司. 金融理财原理（修订版）[M]. 北京：中信出版社，2009.

国际化背景下辅修专业金融工程课程教学方法探讨

杨　阳①

【内容提要】近几年，随着金融环境的快速变化和金融市场的国际化，对拥有金融工程背景的复合型人才需求也日益增长。目前很多高校的金融工程课程不仅为金融相关专业开设，也为金融专业以外的其他相关专业开设辅修课程。笔者结合自己在金融工程辅修专业课程教学的实践，在借鉴海外一些知名高校在培育金融工程人才方面特色的基础上，就如何提高这门课程的教学质量谈一些看法和提出相关建议。

【关键词】金融工程　辅修课程　教学方法

金融工程是一门融合金融学、管理工程学、数学和计算机科学等学科理论与方法为一体的新兴交叉学科。在国内的财经院校中，金融工程课程不仅在金融工程专业开设，也面向金融工程专业以外的相关专业开设辅修课程。由于参加辅修课程学生的金融学和数学基础差异较大，这就对讲授金融工程课程带来一定的挑战和压力。

一、金融工程课程的特点和辅修专业学生的特点

（一）金融工程课程的特点

金融工程是一门综合了金融学、数学和计算机科学的交叉课程，金融工程涉及金融产品的定价和风险管理等核心问题，主要具有以下四个特点：

① 杨阳（1975—），首都经济贸易大学金融学院讲师，研究方向：金融工程。

1. 金融工程课程具有应用型、交叉性的特点

金融工程人才需要根据客户需要和市场的状况，运用金融工程技术和金融工程工具为不同需求的客户“量体裁衣”，最大化地满足客户的需要，圆满地解决金融实际问题。可以说，金融工程是一门从实际情况出发，针对实际金融问题的应用型课程；金融工程集合了金融学的基础理论和工程学的基本分析方法并相互渗透。更为重要的是，除了运用数学和统计学知识外，金融工程还引入了计算机技术、仿真技术和神经网络等现代技术，强调文科知识与理科知识的相互渗透。

2. 金融工程课程具有量化特色

金融工程人才在提供服务以及解决实际问题的过程中，对资产的定价、对风险和收益的衡量、对金融工具的创造以及组合分解都需要准确地定量分析。金融工程是一门具有量化特色的课程，比较重视模型化和定量化。量化分析的关键是挖掘金融现象的内在相关关系和数量特征，并建立数学模型，针对不同类型的模型进行求解、推导并进而在实践中应用。

3. 金融工程课程重视创新思维

创新是金融工程的灵魂，要运用各种工程分析方法对金融产品收益和风险特征进行量化、分解和组合，改变收益和风险结构，从而开发新型的金融产品，解决金融工程中存在的难题。

4. 金融工程课程重视综合化

金融工程的内容繁杂，其变化与新的发展又无比迅猛，有着十分显著的知识综合化的特点。自然科学和工程的方法已经向金融工程全面渗透，使得金融工程的技术手段更加丰富多彩，增强了金融工程解决实际问题的能力和提高效率，在金融领域展现出了全新的面貌和广阔的前景。

（二）辅修专业学生的特点

辅修金融工程的学生来源广泛，辅修专业学生的特点比较独特，主要体现在以下三个方面：

1. 学生专业背景多元化

学生中有学理工科的，有学财经的，也有学纯文科的，如外语和文化传

播专业。这些学生对数理基础知识的掌握程度参差不齐，这就对金融工程的教学带来了很大的难度。

2. 学生计算和逻辑思维能力差异较大

部分学生来自文科专业，他们的数理知识和逻辑思维能力训练相对比较缺乏，有些甚至还未学过高等数学、概率论和数理统计等基础课程，对数理推导和计算不敏感，对数学公式产生恐惧心理，缺乏对公式推导和进行逻辑思维的兴趣与信心，实际计算能力相对较弱。而有些学生来自于统计或计算机专业，相对数理基础和逻辑思维能力较强。

3. 学生普遍缺乏直观和实际的应用能力

由于辅修专业的金融工程课程只是一门课程，相对于金融工程专业的学生来说，其缺乏专业的金融工程实验课程以及其他配套课程，这也加大了辅修学生对金融工程的理解难度。金融工程是一门实践性较强的课程，在教学中需要运用大量的案例，以加深学生对基础理论的理解。因此，学生们大都认为该课程的学习在操作中实际意义有限，加之没有实验平台，从而影响了学生学习的积极性，也加大了教学难度。笔者在问卷调查中看到，大部分学生认为应以案例教学为主，以此来提高直观教学的比例。

二、提升辅修专业金融工程课程教学效果的建议

由于金融工程课程涉及的学科较多，对于辅修专业的文科学生和理工科学生而言，其学习难点各有侧重和差异，因此，在讲授金融工程课程时要采取多样化的教学模式和措施，重视个性化发展，这有利于学生在解决实际问题时有科学的思想和方法，有助于推动金融创新理论的发展。基于金融工程的特点和辅修专业学生的特点，笔者认为应从以下四个方面完善和提升金融工程课程教学效果：

1. 针对辅修专业学生的特点，合理简化教学内容，做到主次分明

在金融工程教学中，教师需熟悉金融工程领域的前沿发展，充分借鉴海外大学的教学理念，有相对成熟的教学方法，了解各知识点之间的内在联系，合理简化内容，提升教学效果。教师的关键在于激发不同背景学生的学习兴

趣，其中有些枯燥的数学推导过程可能使部分学生缺乏主动学习的积极性，如果只是讲解，学生不容易理解，这就需要在讲授过程中提出令学生比较感兴趣的问题，以引导学生主动寻求定理和模型的源泉，在互换及其定价的教学中，就可以运用一些形象的例子来讲授。例如：运用苹果和梨的案例，来分析互换的含义以及定价；对于期权的定价，可以放弃一些数学假设，指导学生从上交所下载上证50ETF期权的价格信息和风险管理方面的数据，有针对性地向学生讲授期权价格的来源和期权的交易策略，以引导学生提出各种新问题。

由于金融工程作为金融学、数学的交叉学科，其内容涉及数学规划、随机分析、泛函分析等数学分支，在金融工程课程有限的教学时间里，大部分辅修专业学生理解高深数学知识已存在很大难度，因此应在保证金融工程知识体系的基础上，强调突出金融工程内容的应用性，而对复杂的数学公式推导可省略，这使学生在掌握理论知识的同时，能对实际意义有较为明确的把握，并能进行应用。

2. 课程设置强调案例教学

通过对美国Hass商学院的金融工程课程设置调查，我们发现，他们对案例教学十分重视。他们认为，案例教学有助于巩固和提高学生基础理论知识，拓宽学生的视野，培养学生的动手能力、实践能力和应用能力。不仅如此，案例教学对于培养对金融工程至关重要的“创造性”的思维也是非常有用的。案例教学在国内的金融工程教学中比较薄弱，这可能与我国金融工程实际应用乃至整个金融业的发展滞后有关。但是从近年来看，无论是从资本市场还是从银行业来看，金融创新都将是近几年的发展主题，金融工程在我国的实际运用将大大增加，这为我们发展金融工程案例教学提供了很好的条件。在案例的选择上，教师应精选与授课内容相关的应用案例，通过在案例分析过程中进行总结和剖析，启发和引导学生讨论，从而提升学生利用所学的基础分析方法和理论研究实际问题的能力，提高学生分析金融问题和解决问题的潜能。特别是要运用互动式案例教学，调动学生的主观能动性，增强其逻辑思维能力，使学生通过发言和讨论，将理论知识消化并应用在实例中，加深对金融工程理论的认识并能在实践中应用。

值得注意的是，远期、期货、期权和互换工具这些衍生工具对辅修专业的学生而言比较难理解，一些复杂的数学模型及推导可以借助案例教学有效解决，帮助学生理解和掌握这些抽象的内容，进而培养学生创造性解决问题的能力。教师可在教学过程中采用启发式的教学模式，引导学生提出相关问题，围绕案例和这些相关问题，使复杂的理论简单易懂，数学推导简单化，进而解决学生所提出的问题。这样可以把握教学的重点和难点，加深学生对教学内容的理解，激发学生的学习兴趣，从而提高教学效果，而在这中间，设计出既符合市场需求又能帮助学生理解和掌握所学知识的典型案例是案例教学成功的关键。近年来我国已推出了 ETF 期权、可转债、股指期货以及资产证券化等创新产品，这些都是金融工程课程应用的很好案例。

3. 重视个性发展，提高辅修专业学生学习金融工程课程的热情

由于金融工程课程相对比较深奥，知识难点较多，加之比较抽象，就需要借助于启发式教学，通过提问，引导学生思考问题，创造民主、自然、愉快的学习气氛。帮助学生解决知识中的难点，从而培养学生分析和解决问题的能力，强调学生是教学过程的主体，激发学习过程中学生的主观能动性。

在教学过程中，为避免学生在学习中只注意微观的细节，忽视金融工程知识的整体协调性，需要教师在讲授时能够抽象出各个知识点的联系和框架。如在讲授期权定价时，务必将模型假设与其算法设计联系；在讲授衍生品时，可以与 2008 年的次贷危机联系，提高学生对衍生品双刃剑作用的理解，以提高教师在启发式教学中的引导、驾驭技巧和能力。同时，通过组织学生就相关金融工程专题进行讨论，发挥不同专业背景学生各自的特长。在专题讨论的题目设置上，可以设定不同的题目让学生自由选择，让不同专业背景的学生都能有发挥优势的空间。比如：在衍生品的定价讨论时，理工科背景感兴趣的学生较多；关于国内外衍生品市场的发展，文科背景的学生就有发挥的空间；金融工程中涉及的会计和法律问题，相关专业的学生就能体现出自身的优势，从而可以激发不同专业背景学生的学习兴趣，提高学生应用金融工程的能力。由此可见，授课教师应该掌握与金融工程相关课程的知识点，这样才能与学生开展互动，提升授课水平，进而使不同专业背景的学生学习金融工程课程获得预期的教学效果。

4. 运用现代教学方法，改进金融工程课程教学手段

金融工程涉及诸多图表、图形及数据资料，多媒体教学增加了课堂信息量，加之图文并茂，有利于调动学生学习的兴趣，特别是加深学生对理论抽象知识的理解，以提高学习积极性。更为重要的是，在运用多媒体课件教学中，教师可以充分利用网络资源，使教学内容更贴近现实，增强了学生对资产定价均衡理论、期权定价理论、套期保值理论、汇率与利率理论等教学内容的理解和掌握。

当然，鉴于金融工程课程有一些比较复杂的模型，若单纯利用多媒体课件则教学效果可能不理想。这就需要教师借助于传统的教学方法在黑板上详细推导模型并启发学生，让学生可以理解和掌握难懂的知识点。此外，也可以通过股票、债券和期货等模拟交易场所，使学生对股票、债券及衍生品等进行模拟交易，加深学生对知识的理解，增强学生的动手和操作能力。如在股指期货的模拟实验过程中，分别给予学生设定相同的初始保证金、规定相同的交易费用和统一的维持保证金额度，让学生进行交易，并要求学生在交易过程中做好交易记录，最后提交实验报告。实验结果表明，这种教学方式使学生熟悉股指期货的交易流程，掌握了如何利用股指期货进行套期保值、投机和套利。由此可见，实验实践教学其实就是一个培养学生具备实际应用能力的过程。

三、结语

借鉴国外先进经验，考虑到金融工程课程的复杂性和应用性特点，金融工程课程教学应该以培养辅修学生的应用能力为主线来组织教学内容，适当选择多样化的教学形式，重视学生的个性化发展，以提升教学效果。同时，金融工程课程应以培养学生的应用能力为目标组织课堂教学，运用丰富多样的综合教学模式和手段，以培养学生的动手能力为侧重点，加强实践教学，以培养学生分析问题、解决问题的能力，以案例分析检验学生对基础原理的理解和掌握程度，考查学生的实际应用能力，以启发式教学方法引导学生积极发现问题、应用所学知识分析金融问题、开发新型的金融工具，从而培养

满足社会需求的复合型金融人才。

参考文献

［1］李志斌，张维．《金融工程》本科教学的问题与思考［J］．金融教学与研究，2004（04）．

［2］宴向华．关于金融工程专业实验教学的思考［J］．金融教学与研究，2009（05）．

［3］陈庭强．金融工程专业教学模式改革探讨［J］．教育教学论坛，2015（49）．

［4］何光．《金融工程》课程教学模式的探索与构建——基于建构主义学习观［J］．大学教育，2014（11）．

基于国际化视角对货币金融学全英教学的思考

黄　璐[①]

【内容提要】经济全球化对高等教育国际化提出了新的要求。货币金融学作为金融学科最重要的专业基础课，进行全英教学是适应高等教育国际化的必要之举。但在教学中，鉴于教材选用、学生英语水平等因素的限制，制约了全英教学的发展。笔者试图从上述方面对货币金融学全英教学进行探讨，希望获得全英教学应有的效果，更好地适应国际化的背景和社会发展的要求。

【关键词】货币金融学　全英教学　高等教育国际化

货币金融学是金融学科最重要的专业基础课。学生通过本课程的学习，可以掌握金融学的基础概念和核心原则，对整个金融体系的框架有所把握。在当今金融日新月异的发展背景下，货币金融学中强调的核心原则可以使学生运用基础知识对新工具、新市场进行分析，加深理解，从而获得与时俱进的学习效果。因此，货币金融学是所有金融专业学生最早接触的专业基础课，学生对这门专业基础课掌握的程度直接影响到他们对后续专业课程的学习和理解。在高等教育贴合经济全球化的大背景下，货币金融学进行全英教学就是理所当然的了。

笔者从事货币金融学的全英教学已有 3 年时间，在这 3 年中不断探索提高教学效果的方法，其中有经验也有教训。货币金融学教学时间为一学年，总体来说，学生的理解程度和掌握程度在第二学期明显优于第一学期，但仍然不能令人完全满意。结合自己的教学实践，我认为制约全英教学效果的因素主要有以下四个方面：

---

① 黄璐（1972—），首都经济贸易大学金融学院讲师，研究方向：国际金融市场。

一、教材的选择问题

目前，全英课一般采用国外原版教材作为课堂主推教材，同时选择一些辅助教材作为阅读材料供学生参考。这样，既保持了英文教学的原汁原味，也不会出现改编教材词不达意，有时甚至出现不正确的英文表达的问题，而且学生不但可以通过原版教材吸收和国外同专业学生完全同步的专业知识，还可以通过互联网查询相关国外教辅资料、国外在线教学资料，这符合高等教育国际化的要求。采用国外原版教材的弊端也比较明显。读过国外原版教材的人都有一个明显的感觉，就是教材的结构和我国教材的惯用结构完全不同。我国教材结构清楚，知识线明晰，章、节、目总括性强，而且在讲解上从基本定义开始，多以性质、特点后续。学生通过教材很容易建立明晰的知识架构，理解起来条理性较强。而国外的教材注重案例教学，往往一个基本概念后有大量例子和实际生活中情况的说明分析，显得逻辑关系不清，往往学生好不容易看完一部分后却搞不清主要内容是什么，作者到底阐述了什么原理，造成学生思维的混乱。学生对于阅读大部头的英文原版专著，原本就存在畏惧心理，在读完却不明就里之后，更缺乏读下去的信心和兴趣。这些问题造成很多学生到了学期末教材仍然基本没读过，完全依靠教师的 PPT 理解教学内容，难免疏漏颇多，有所偏差。

二、学生的学习习惯问题

我国学生从幼儿园开始接受启蒙教育，进入大学阶段基本的学习习惯已经养成。大多数学生习惯是被动学习，也就是以听教师讲课为主导的学习，自主学习的愿望和能力都存在相当大的问题。这些问题在全英课上就体现得更加明显。由于全英课多采用原版教材，教学内容较多，需要学生掌握的内容也比较庞杂，加上英文教材往往是厚厚的一本书，需要学生课前课后的阅读量比较大，因此也就需要学生具备更多的自律性和自主学习的能力。但在教学中发现，多数学生自学能力较差，课前课后难以按照要求阅读教材和其他教辅资料，课上听讲后自己总结的能力也较差，造成教学效果不佳。

在当今国际化背景下，知识更新的速度加快，甚至有一种说法，大学毕业时在学校学过的东西就已经过时了。因此，我认为大学阶段一个重要的任务就是培养学生自主学习、终身学习的能力。这样，才能保证学生在走出校门后，仍能不断提高自己、充实自己，不被日新月异的社会发展所淘汰。所以，在教学中，我反复强调读书的重要性，要求学生做到课前预读，课后复读，至少一个学年中能够把厚厚的一本英文原版书读下来，这对于学生建立读英文书的自信以及培养学生静下心来系统读书的习惯都有帮助。事实证明，按照要求读书的学生，在学期末都表示其有很大收获，对于读原版书畏惧感减轻，对国外教材的结构也比以前熟悉，理解和抓要点的能力都有所提高。

三、学生的英文水平问题

虽然我国学生中有相当一部分人从小就开始接触英语，大多数学生都参加过各种英语补习班，到了大学阶段有的也已经通过了大学英语四级甚至六级的考试，但学生的英文还是多以应试为主，实用性不强。全英文授课需要学生听英文讲课、读英文教材、运用英文讨论、用英文答测试题，全面考量学生听说读写的能力，结果不尽人意。在某些有难度的专业知识部分，全英教学学生往往反映听不懂，还需要用中文把主要内容再重复一遍，浪费了时间，也违背了全英文授课的要求和初衷。但在实践中往往不得不妥协，使得全英文授课蜕变成双语课。比如，讲到 Derivatives 部分，由于金融衍生品的交易原理和交易过程较为复杂，有时用中文讲授学生理解起来都有困难，用英文讲授就难上加难，每学年到这部分，教学时间都比预期长，耽误授课进度，影响教学大纲的完成。这与学生的英文理解程度直接相关，也是全英课教学一直以来面临的困难。如何解决这个问题，既能保证仍用全英文授课，又能保证教学效果和教学进度，我还在努力改进和探索之中。

四、教学安排问题

全英文授课，学生的主要目标是专业知识的获取，但却绕不过语言这个门槛，由于学生对专业词汇的英文表达不熟悉，因此在理解上困难较大。如果在全英课之前有其他双语课程铺垫，使学生对专业词汇有一定的认知和熟悉度，再全部用英文学习就会适应得快一些。

基于以上问题，我进行了如下思考和实践：

第一，选择难度适中的教材。在选择教材时，尽量选择语言相对简单规范、内容相对基础一些的外文原版教材，避免盲目地选取高、大、全式的教材。选取国外前沿教材，有时甚至是研究生的教材给本科学生用，虽然对外可以宣称选取国际先进教材，但难度过大，学生接受程度差，晦涩难懂。这样虽然表面上好看，名称好听，但实际教学效果往往欠佳。

第二，帮助学生尽快适应全英文授课的语言环境。利用 PPT 帮助学生将内容条理化，在讲解中注重基本概念和基本原理的分析，帮助学生抓住重点，理解教材的内容。通过事前布置阅读，课上讨论提问的环节检查学生的阅读状况，并在讨论中引导学生自己总结要点和规律。强调大量阅读的重要性，帮助学生锻炼 Critical Reading 的技能。同时，在讨论中对学生多予以鼓励，不强调学生说英文的正确性，先让学生对发表见解时有自信使用英文。在测试和期末考试中同样运用这项原则，注重专业知识的掌握，不强调英文表述的正确性，基本表达出主要意思即可。这样也可以提高学生自主学习的兴趣和信心。

第三，合理安排教学。在全英文授课之前确保学生接触过双语课程，对相关专业词汇有所了解，对用英文阐述专业知识有所接触，减少学生的畏难情绪。

在教学中，改变以教师为主导的被动式方式，让学生参与到教学中来，与教师形成互动。可以将学生分成学习小组，在新章节开始前为每个小组分配任务，让学生自己总结该章节的要点，自己做 PPT，并在课堂上为其他组讲解。可以在每个小组中再进行具体任务的划分，某人负责绪论，某人负责基本概念，某人负责案例，某人负责我国情况的调查和表述。在讲解时也要求学生分专题由本组学生讲解，这样可避免每组只有负责讲解的学生做大量工作，其他学生都不做准备的情况。各组讲解后，由教师做出评价，指出问题并进行总结。这样，通过自学往往达到课堂教学达不到的效果，并能培养学生自主学习的习惯。当然，在开始时效果往往不尽人意，学生对这种形式不熟悉，有抵触，再加上用英文讲解困难大，多数学生并不愿意采取这种形式学习。但坚持几次后，学生的信心会有所增强，讨论的气氛会活跃很多，但缺点是耗费课时较多。

总之，全英文教学是新形势下对高教的必然要求，教师将在教学中不断总结经验，吸取教训，争取获得学生专业知识掌握熟练和英语能力同步提高的双重效果。

参考文献

［1］刘淄．国际金融双语教学中的问题及改革的思考［J］．海外英语，2016（05）．

［2］陈晶，靳生，曹艺．基于国际化视角对国际金融双语教学改革的思考［J］．哈尔滨金融学院学报，2011（08）．

中外金融史教学与金融国际化人才培养之思考[①]

祁敬宇[②]

【内容提要】 首都经济贸易大学金融学院在金融国际化人才培养中遇到诸多问题，如办学理念、思路、途径与机制等。笔者结合自己从事金融史教学的实践，以全新的视野对中外金融史与金融国际化人才的培养提出自己的观点；同时，探讨中外金融史课程的教学理念、效果和模式等问题。

【关键词】 金融史　高等教育　国际化

一

面对新的全球化时代，我们需要一个新的全球化的视野教育人才、培养人才。全球化的观点、视野、理念和方法对于教育是非常重要的。伴随着中国的经济崛起，笔者认为，在培养金融国际化人才中注重向学生讲授中外金融史中有益的内容，对于金融人才的培养是非常重要的。

学习金融史，对于大学生人才的培养，特别是心灵和思想的陶冶起着潜移默化的作用。

我国伟大的史学家司马迁在他的著名散文《报任安书》中说，撰史是为了“究天人之际，通古今之变，成一家之言”，就是要通过历史的记述和学习、研究，探究“天道与人事之间”的关系，求索社会发展的兴衰成败和更迭之理，表达对社会、历史、政治和文化的独到见解。

17 世纪英国哲学家培根也曾经说过：“读史使人明智。”这些古今中外哲人的精辟论述，说明大学生学史对于人生、对于心灵、对于成长是非常重

① 本文为首都经济贸易大学教学改革立项“基于中国金融史课程的课堂教学效果提升研究与实践（2016 年）”的部分研究成果。

② 祁敬宇（1968—），首都经济贸易大学金融学院教授，研究方向：金融监管、金融史等。

要的。

笔者自进入首都经济贸易大学金融学院任教的10多年间，前后陆陆续续围绕金融史开设了不同层次的课程和专题讲座，目前凝结成为“中国金融史”和“世界金融史”两大品牌课程。

任教期间，笔者一直试图追求一种以简洁明快的语言阐述中外金融史，使学生素质能够得以提高和升华。在笔者开设的“中国金融史”课程中涉及的内容集中体现了中国古代的经世济民、文化思想和精神传承，除通读《经史子集》和《二十四史》等外，还重点从司马迁《史记·货殖列传》《管子》《商君书》、张居正《帝鉴图说》、袁了凡《纲鉴易知录》和《了凡四训》等篇中提炼中国金融史的教学素材。

笔者在讲授“世界金融史”时更是融入了国外著名学者的思想和观点，如斯塔夫里阿诺斯的《全球通史》、赫伯特·乔治·韦尔斯的《世界史纲》、安格斯·麦迪森的《世界经济千年史》、查尔斯·P·金德尔伯格的《西欧金融史》和《金融危机史》、尼尔·弗格森的《货币崛起》和《罗斯柴尔德家族》，亨廷顿的《文明的冲突》等一系列与金融史相关的书籍。

所有的这些阅读、思想和观点的提炼并融入教学，都体现了授课人的主导思想，这样做，尽管耗费了一定的精力和心血，但能够为广大学生提供优良的教学内容和课程设计，提升他们的学习、研究兴趣，陶冶他们的精神品质是教师的欣慰。与此同时，笔者在讲授“中国金融史”和“世界金融史”这两门课程时，还根据教学实践完成了《中国金融史》和《世界金融史》两套教材的写作。

通过10多年的授课实践，笔者深刻地体会到，无论是中国金融史，还是世界金融史，它们都是涉及诸多学科的复合课程，对大学生的成长以及人才培养具有重要意义。金融史涵盖了政治、经济、文化、历史、宗教、民族以及考古等人文科学，这种汇聚诸多学科、综合研究的多元文化知识体系对于国际化人才的培养具有举足轻重的作用。

研究历史，各家各派有不同的观点和方法，如布罗代尔认为，研究文明要涉及所有的社会科学领域；亨廷顿比较强调历史的精神内容，认为最主要的区别是宗教，所以他把当今世界上的主要文明确定为中华文明（儒教文明)、日本文明（中国文明的后代)、印度文明、伊斯兰文明、西方文明（基督教文明)、拉丁美洲文明（西方文明的次文明）和非洲文明等；而有的学者则强调物质方面，认为物质生产、经济基础最终决定着历史的面貌和发展方向。

世界金融史研究源于对货币及其制度之研究，而世界货币大致可划分为两大体系：一个是以古代希腊—罗马为代表的西方货币体系；另一个是以古代中国为代表的东方货币体系。古代东西方两大金融体系，根植于不同的文明，产生于不同的地区，因而各有特色。推及全球金融发展史，中西方金融的发展脉络和金融制度有所不同，因而整个金融发展也表现出不同的特征，但世界金融又是有着历史发展脉络和逻辑关联的。自16世纪以来，西方国家对东方的探险掀起了一股新热潮，各国的政府、大公司纷纷解囊支持航海家的探险活动。由此，促进了全球金融的发展进入一个崭新的阶段，世界金融史写下了新的篇章，而中华民族在这一进程中也经历了不同的发展过程。

二

世界金融史在更深的层次上提出的是金融如何起源、从何而来以及如何发展的大问题。

翻开世界金融史，人类金融发展的脉络就犹如一幅由远及近的画卷，一幕幕地展现在我们的面前。这里有人类金融的起源、金融在人类文明嬗变中的作用，有帝国的更迭、朝代的兴衰，有文化的传播、宗教的扩散；有成千上万投资者追逐财富的发财“美梦”，抑或破产的“噩梦”，也有官商相维、沆瀣一气的众生图谱。

一部世界金融史就是一幅有趣的画卷，这幅画卷揭示了人性的善恶美丑。在金融领域中，有政治家对金融的影响和作用，也有金融家对政治的渗透，更有对阶层、区域、国家等愈加两极分化的焦虑，还有对世界金融史上诸多金融危机灾难的渊源的忧虑。

一部世界金融史还是一面大国兴衰交替、民族崛起复兴的镜子。在这面镜子中，可以看到金融对于一国经济和政治的影响，一国在全球地位上的兴衰、变迁深深地打上了金融的烙印。

笔者在10多年的教学实践中，力求把“中国金融史”和“世界金融史”课程打造成为立足中华文化、又融入全球视野的金融通史，力求体现强烈的现代意识和学术视野。与此同时，在立足中华文化的同时，强调教书育人，把德育教育融入潜移默化的教学环节。从这个意义上说，“中国金融史”和“世界金融史”并非是简简单单的一两门课程，也并不是一味地叙述金融的过去，而是要把金融的历史变迁、发展与当今国际经济、国际金融的现状联系在一起，在这样的大背景下，金融史是与全球政治、经济制度紧密联系的，它是一门关于全球货币、全球金融机构和全球金融体系的课程。而时下，最显著的特色是融入了“一带一路”的内容。

笔者在课程的讲授中，注意因材施教，提升学生的学习兴趣，力求在教学中跨越时空的限制，在历史与现实的两个金融时空里驰骋遨游。课堂教学又似快乐的旅行，在金融史的园林中漫步，让学习金融史成为一种乐趣，成为一个对历史和现实两个世界的金融发展同时不断探询的过程。

同时，笔者在课程的讲授中注意融入中国元素，培养学生的爱国情怀和思想品德的建树。在金融史领域，经典的著作当推美国人查尔斯·P·金德尔伯格所著的《西欧金融史》，但这部书秉持金融是以西方为中心的金融史观。从历史学的视角来看，巴勒克拉夫等人所倡导的“全球史观”，主要以突破西方学术界根深蒂固的“欧洲中心论”（或称“西欧中心论”）、“欧美中心论”和“西方中心论”的限制为特征，主张历史研究者“将视线投射到所有的地区和时代”，建立“超越民族和地区的界限，理解整个世界的历史观”，“公正地评价各个时代和世界各地区一切民族的建树”。“在当前世界性事件的影响下，历史学家的理想是建立一种新的历史观。这种历史观认为，世界上每个地区的每个民族和各种文明都居于平等的地位上，都有权利要求对自己进行同等的思考和考察，不允许将任何民族和文明的经历只当做边缘的无意义的东西加以排斥。”

笔者讲授金融史注重全球视角，并给予中国金融史以一定的历史地位。

三

世界金融史的形成与发展，为我们揭示出东西方文明源远流长的金融史，描绘出一幅栩栩如生的人类金融的历史画卷。

纵观数千年灿烂的中华文明、阿拉伯文明、古埃及文明和古伊斯兰文明，在这些文明的发展中都可以看到金融的身影，它不仅凝结了古代各种文明带给人民的勤劳、勇敢和智慧，而且彼此学习和汲取了各自先进的科学技术和优秀的精神文化成果。可以说，一部世界金融史，就是一部人类高度发展的丰富多彩的古代文明的缩影。

中国作为一个文明古国，从春秋战国时期起，金融就已经得到了长足的发展，并在全世界处于领先的地位。远在春秋战国时期（甚至是商周时期），古代中国与欧亚大陆其他国家就已经存在着金融贸易活动。

公元前一世纪前后，在亚欧大陆的东西两端，同时出现了两位雄心勃勃的帝王——中国汉朝的汉武帝和罗马帝国的恺撒，他们都对开拓疆土的远征有极大的兴趣。汉武帝派大军远征匈奴，遣张骞出征西域，为汉代著名的史学家司马迁提供了丰富的撰史材料；同样，恺撒把他的军事远征和发现都记载在他的《高卢战记》里。司马迁的著作生动地记述了匈奴人的善骑射、好勇斗狠，而恺撒对日耳曼人的描述也是大同小异。司马迁所在的汉朝和恺撒所在的罗马帝国都是强盛、富裕而文明的。

汉帝国打通了西域的丝绸之路，罗马的疆土也一度扩张到欧洲的西北部。在此后一二百年间，汉帝国和罗马帝国在开辟新天地的斗争中都取得了重大发展。公元 91 年，汉朝大军直捣匈奴部落腹地，将大部分匈奴人赶出家园，穿越大漠西迁，《汉书》的笔者班固记载了这次大捷。

罗马帝国此时也因向欧洲中部步步推进而达到了帝国最大疆域，并使日耳曼人部落节节败退。罗马史学家塔西陀则对日耳曼人的生活与社会做了详细的记述。大部分匈奴人离开大漠戈壁西去，消失在茫茫的草原之中，一小部分南迁，他们空出来的地方被鲜卑、柔然等东胡占据。然而，在汉帝国崩溃、三国鼎立之后，在公元 4 世纪初，他们与南匈奴人一道入侵中原。

罗马帝国从 3 世纪起就已经陷入衰败，内战不已。可以讲，国内各阶层、各种力量和社会力量之间已经是离心离德、分崩离析。在这种情况下，匈奴人在亚欧大陆北部草原掀起一波又一波的迁徙浪潮。他们首先进入西域和中亚，接着在公元 4 至 5 世纪时继续向西延伸，侵占了印度的部分地区。混合各种文化的大乘佛教在此时形成。

自汉唐之后，这种贸易活动逐步被官方主导甚至垄断，贸易的规模和范围不断扩大，鼎盛时期遍及欧亚大陆，甚至包括北非和东非。历史悠久的“南方茶路”和北方草原贸易路线，以及自宋、元开始形成海上贸易路线。

中国古代自秦汉至唐宋这条贸易路线上交易的大宗商品是丝绸，故命名为“丝绸之路”。丝绸之路经济带重点联通中国经中亚、俄罗斯至欧洲，中国经中亚、西亚至波斯湾、地中海，中国至东南亚、南亚、印度洋的通道。此后，这个具有强烈的历史文化内涵的名词得到了广泛的认可和拓展应用，“丝绸之路”的中外经济交往和金融活动，在中外金融史上留下了重要史料。而今21世纪以海上丝绸之路为核心的“一带一路”也为新世纪的中外金融史开辟了新的篇章。因此，挖掘欧亚金融史，以资今鉴具有非常重要的意义。

伴随商品贸易和人员交流，丝绸之路沿线各国的文化相互借鉴，产生了灿烂的文明。史实已经表明，历史上“丝绸之路”主要存在于和平时期（战乱时往往中断），而且，商品贸易的往来促进了经济金融活动，也提升了文化的深层交流，进而促进了共同繁荣，因而其中的内涵可以归结为和平、友谊、交往和繁荣。这也是我们撰写世界金融史的初衷和动机之一。

20世纪80年代以来，中国通过渐进式的改革、开放，深入地参与了经济全球化进程。中国经济的高速发展得益于经济全球化，但同时中国对世界经济增长也做出了巨大贡献，改变了世界经济格局。改革开放之初，中国国内生产总值占世界的份额只有5%左右，出口额占世界的比重不足1.5%。2010年中国成为世界第二大经济体，2013年成为世界第一大货物贸易国。根据国家统计局初步核算，截至2015年，全年国内生产总值676 708亿元，按可比价格计算，比上年增长6.9%，中国GDP占世界的份额已上升到20%左右。与此同时，自2008年全球金融危机以来，中国对世界经济增长的贡献率一直保持在30%左右。在世界各国经济联系越来越紧密的趋势下，这么大经济体的发展变化必然会对其他相关国家产生重大影响进而影响世界格局。在这个背景下，研究世界金融史，某种程度上说是在进一步探索和建立“中国元素”的全球地位和话语权。

从更长的历史时期来看，过去的30多年，中国经济的崛起是近百年来世界经济格局的最大变化，也是300年来世界格局变化中屈指可数的重大事件。随着中国的崛起，东亚地区经济总量占世界的比重已经超过美国。目前，中国在多个国际金融机构中所占份额都很低，例如，在世界银行、国际货币基金组织和亚洲开发银行中仅分别占5.17%，3.81%和6.47%的投票权，无法在推动世界经济增长方面发挥与自身经济体量相适应的作用。因此，中国的崛起将成为世界金融史研究的新契机，这将为中国金融史、世界金融史的发展提供重大机遇，将推动经济金融史、经济金融思想史等学术研究提供更加深刻的内涵。

上述内容对我国国际化金融人才的培养有很多启迪，非常值得人们思考。

参考文献

[1] 宋则行，樊亢．世界经济史［M］．北京：经济科学出版社，1998.

[2] 齐世荣，钱乘旦，张宏毅．十五世纪以来世界九强兴衰史（上下卷）［M］．北京：人民出版社，2009.

[3] 黄志刚．丝绸之路货币研究［M］．乌鲁木齐市：新疆人民出版社，2010.

[4]【日】朝仓孝吉．日本经济史［M］．岩波书店，昭和十五年．

[5]【美】塞缪尔·亨廷顿．文明的冲突与世界秩序的重建［M］．北京：新华出版社，2010.

[6] 【英】麦迪森．世界经济千年史［M］．北京：北京大学出版社，2003.

[7]【美】保罗·肯尼迪．大国的兴衰［M］．北京：国际文化出版公司，2006.

[8]【美】斯塔夫里阿诺斯．全球通史（英文版）［M］．北京：北京大学出版社，2011.

[9]【美】彭慕兰．大分流：中国、欧洲与近代世界经济的形成［M］．史建云，译．南京：江苏人民出版社，2003.

[10]【德】安德鲁·贡德·弗兰克．白银资本：重视经济全球化中的东方［M］．刘北成，译．北京：中央编译出版社，2008.

“双创”形势下“创业金融”课程的教学设计①

王佳妮②

【内容提要】创业金融领域的发展与创新影响着传统金融学、公司金融学、管理学和企业战略管理等课程的教学和学科发展。应对“双创”的新形势，高校应及时调整相关的人才培养方案，探索新一轮的教学改革和课程建设。笔者在教学中发现金融专业在人才培养目标、教学模式和课程体系方面存在的问题，探讨“创业金融”课程的教学设计，将有助于金融学科的创新发展和金融人才素质的提升。

【关键词】创新创业　创业金融　教学改革　课程设计

一、“创业金融”的开课背景

党的十八大对创新创业人才培养做出重要部署，国务院对加强创新创业教育提出明确要求。2015 年 5 月，国务院办公厅发布了《关于深化高等学校创新创业教育改革的实施意见》（以下简称《意见》）。《意见》指出：深化高等学校创新创业教育改革，是国家实施创新驱动发展战略、促进经济提质增效升级的迫切需要，是推进高等教育综合改革、促进高校毕业生更高质量创业就业的重要举措。同时，《意见》明确了高校在完善人才培养质量标准、创新人才培养机制、健全创新创业教育课程体系、改革教学方法和考核方式、强化创新创业实践等多个方面的任务。应对“双创”的新形势，高校应及时调整相关的人才培养方案、探索新一轮的教学改革和课程建设。

---

① 本文为国家自然科学基金青年项目（71303224）；首都经济贸易大学 2016 年度科研基金项目。

② 王佳妮（1983—），首都经济贸易大学金融学院讲师，研究方向：天使投资与风险投资。

二、现有教学模式和课程体系中存在的问题

过去的金融专业教学，在人才培养上主要强调传统金融学理论与实务的学习，比如银行、证券和保险等，对一些新兴金融市场和产品的深度学习不够。但在近两年“双创”新形势和互联网金融发展的新浪潮下，面向创业的金融专业课程还不多见。绝大多数创业课程都集中在商科或者管理学领域。学生有可能在“创业管理”或创业培训课程上接触到金融的相关内容，但缺乏一门系统性讲解创业金融理论与实务知识的课程。

现有的金融人才培养目标、教学模式和课程体系还存在一定的局限性：需要改革人才培养的目标，尤其是金融专业人才，要强调创新创业的复合型人才；需要在原有的金融专业课程中纳入创业领域的创新知识，必要时开设新课；需要在教学方式上加强创业金融模拟体验教学，调动学生的主观能动性，挖掘学生潜在的创新创业能力；需要在课程设计上注重创业金融的学科交叉性，融合新兴金融、现代管理和信息技术；在课程实训中，鼓励学生参加各类大赛和活动，全面提升学生的创新创业基础能力和综合应用能力。

三、“创业金融”课程的设计

“创业金融”是一门典型的交叉学科课程，需要从金融、经济、管理及会计等多个领域研习相关理论和实务知识。

（一）课程定位和教学目标

1. 另类金融体系与创业金融

各个国家根据其不同的经济制度，不同的文化传统，不同的管理理论，选择不同的金融管理体系。一直以来，中国采取“三驾马车”式的监管体制：银监会监管银行系统，保监会监管保险系统，证监会监管证券系统。在这三个系统中，银行、保险和证券业分别运行，三者既相互联系，又相对独立。一个全面的金融体系，除了银行、保险和证券外还有一些业务可选择、可替

代这些传统系统的新型金融业务，在国外称为“另类金融（Alternative Finance）”。随着一国社会经济环境的不断发展和成熟，科学有效的资金融通方式应该是全面的、多元化的、帮助不同类型融资者获取资金的、帮助投资者获得收益的同时抵抗风险的——这就是另类金融的特征。除了银行、保险和证券外，投资者还可以通过共同基金对冲股市风险，通过期货管理将大宗商品多元化，通过设立新基金从事风险投资和私募股权投资等；同时，互联网平台的快速发展提供了直接投资种子期和初创期企业的交易机会。由此可见，创业金融涉及另类金融的一些内容，尤其是面向创业企业的非公立权益资本交易活动，如股权众筹、天使投资和风险投资等。

2. 企业战略管理、公司金融与创业金融

资金就像企业的“血液”，企业的资金融通活动——融资与投资，被视作一种经营战略，关乎企业全局性的发展。基于此，“公司金融”和“创业金融”成为面向企业生产经营和资本运营的金融活动的两门课程。事实上，金融经济理论在“公司金融”上的应用已经发展得很完善，分析体系已经很成熟，公司金融的很多工具和方法都能应用于创业金融。然而，要正确有效地使用这些方法并非易事，因为企业在不同阶段的内外部经营条件、外部投资者参与管理的程度、投融资策略的选择、投融资活动的目的等方面都有着明显的差别。因此，有别于传统的“公司金融”，“创业金融”课程则扩展和建立了一些新的理论，重点关注创业者和初创期企业相关的金融问题。

3. 教学目标

“创业金融”课程把公司金融、管理学和经济学的理论与方法应用于创业金融的新兴领域，旨在让学生了解创业过程中的金融问题，强调创业者的金融知识和技能培训，尤其是与创业企业密切相关的风险投资及其他融资方式；促使学生成功地开发创意、获得融资，能够应对创建和经营企业过程中的融资问题。

（二）教学内容和知识结构

目前，国内还没有出版“创业金融”领域的中文教材，仅有由清华大学高健教授团队于 2011 年翻译出版的“创业金融”（Entrepreneurial Finance）。该书由克莱蒙特研究大学的理查德 L. 史密斯教授（Prof. Richard L. Smith）和克莱蒙特麦肯纳学院的珍妮特·奇霍姆·史密斯教授（Prof. Janet Kiholm Smith）合著，可作为本课程教学的一份基础性材料。市场上更多的是《创业融资》和《风险投资学》等相关书籍。考虑不同的学生层次和专业背景、国内外市场的差别，以及最近5年全球的新趋势，在教学实践活动中，需要有1~2本参考书作为教材，并通过整合更多的资料编写讲义。

笔者把创业金融视作创业阶段所需要进行的资金融通活动，从融资和投资两个视角讲授。基于此，主要有三项教学内容：一是创业金融概述；二是创业融资，包括创业融资基础、创业融资渠道和产品、全球创业企业融资状况；三是创业投资，包括天使投资、风险投资基金的募集与设立、风险投资的运作流程、风险投资的投后管理、风险投资的退出和社会责任投资等。具体课程内容和知识点见表1。

表1 “创业金融”课程内容

章节		主要内容
第一部分　创业金融概述		1. 创业金融的概念 2. 创业金融与公司金融的区别 3. 创业金融的研究范畴和学习目的
第二部分　创业融资篇	创业融资基础	1. 创业与融资的关系 2. 企业生命周期与融资顺序 3. 创业融资的主要方式 4. 比较各类融资的风险、成本及回报
	创业融资渠道和产品	1. 自有资金与3Fs 2. 私募股权投资（天使、VC） 3. 商业银行（信用卡/信贷） 4. 公共部门（大学、政府等） 5. 孵化器与加速器 6. 互联网投融资（P2P网贷/众筹）
	全球创业企业融资状况	1. 国外创业企业融资情况 2. 中国创业企业融资情况 3. 创业融资过程中存在的问题

续表

章节		主要内容
第三部分　创业投资篇	天使投资	1. 天使投资的概念、作用 2. 天使投资与风险投资的区别 3. 如何寻找天使投资人及获取融资 4. 天使投资价值评估的方法
	风险投资基金的募集与设立	1. 风险投资的资金来源 2. 风险投资的组织形式 3. 有限合伙协议、GP 与 LP 的关系
	风险投资的运作流程	1. 项目寻找和筛选 2. 尽职调查 3. 风险投资的价值评估 4. 风险投资的条款清单
	风险投资的投后管理	1. 投后管理概述 2. 董事会与公司治理 3. 风险投资的增值服务 4. 创业者与投资人的冲突处理
	风险投资的退出	1. 投资退出的几种模式 2. IPO 退出 3. 并购
	社会责任投资	1. 社会创业与公益创投 2. 风险投资的社会责任 3. 社会影响力投资
	全球天使投资和风险投资发展状况	1. 国外天使投资和风险投资概况 2. 中国天使投资和风险投资概况

（三）教学方法及考核方式

在教学方法上，讲授与实践相结合，学生自主学习与教师指导相结合，采用小组讨论、案例分析及实战模拟等多元化的教学手段；相应的，对于课程的考核方式也应该更加灵活多样。

1. 案例教学和项目参与

“创业金融”是一门具有较强实践性的课程，为提高课程的趣味性和教学质量，可加大案例学习和项目参与的内容。授课中，不仅仅是介绍面向创业的金融市场和产品，更重要的是分析创业金融交易活动，如高效获得融资的方式、降低投资风险的策略等；不仅仅是案例的讲解和分析，还需要在维持课堂基本秩序的同时引导学生讨论和互动交流，特别是动手制作金融交易方案，在课堂上分享“项目参与”的感受和成果。

2. 校内实践模拟

大学生创新创业的活动十分丰富，除了课堂外，还应该鼓励学生利用校园的实验中心、创业咖啡厅、创享课堂、慕课/微课课程和各类创新创业大赛等资源开展创业模拟和实训活动，在课堂教学与创业实践之间架起桥梁，有效培养和提升学生的创新创业能力。

3. 校外实践和训练

与孵化器、创业服务平台、创业/风险投资机构和组织建立合作关系。一方面，让更多金融和管理专业的教师通过交流学习，提升创业金融的教学能力；另一方面，为学生提供实践和交流的机会，让学生可以从创业和投资两个领域充分理解课堂中所学习的创业金融的理论和实务知识，并开展实践，为将来的创业和就业打下坚实的基础。

四、结语

创业金融领域的发展与创新影响着传统金融学、公司金融学、管理学以及企业战略管理等课程的教学和学科发展。高校金融专业传统的人才培养方式和教学实践已经无法适应“双创”背景下的金融专业人才和管理人才的需求。目前，国内还没有将创业与高等教育金融学课程融合的《创业金融》系统性的专业教材，金融学专业的课程体系和教学模式需要进一步改进。在未来一段时间内，应该抓住“双创”机遇，与时俱进，探索和设计“创业金融”课程的教学内容和教学方式。

参考文献

［1］陈文娟，姚冠新，任泽中．将创新创业教育全面融入高校课堂教学体系［J］．中国高等教育，2012（02）：44－45.

［2］Smith，R. L.，Smith，L. K. 创业金融［M］．高建，等译．北京：机械工业出版社，2011.

［3］焦继军．金融学科案例教学探析［J］．金融教学与研究，2007（01）：48－50.

［4］蒋亚利．互联网金融背景下的《金融学》课程改革文献综述［J］．沿海企业与科技，2016（04）：67－69

［5］刘曼红，Pascal Levensohn. 风险投资学［M］．北京：对外经济贸易大学出版社，2011.

［6］刘曼红，王佳妮．中国天使投资［M］．北京：中国发展出版社，2015.

［7］Josh Lener，et al. 风险投资、私募股权与创业融资［M］．路跃兵，等译．北京：清华大学出版社，2015.

［8］项目参与法在“风险投资”课程教学应用的探索［J］．科技创新导报，2015（27）：131－132.

［9］郑磊，龚荻涵．另类投资［M］．北京：机械工业出版社，2014.

［10］张金朵．投资学课程实践教学改革探析［J］．智富时代，2016（08）：250.

投资学教学体系的完善与创新

李　新[①]

【内容提要】 我国投资学教学体系首先应确立基本理念与原则。笔者基于多年的教学实践，提出具有创新性的投资学教学体系建设合理地位的观点，即“一个目标、两大内容、三个理念、四项原则、五大支柱、六大技能”。在此基础上，明确投资学教学体系建设的教学目标和实施方案。

【关键词】 投资学　教学体系　完善创新

一、投资学教学体系建设的基本理念与原则

随着我国加入世界贸易组织（WTO），全面进入开放经济时代，经济和社会的发展变得日趋复杂化、多样化和市场化，无论是在宏观层面还是在微观层面，传统的金融产品和金融人才已无法满足正在变化的经济金融环境，国际金融业已转向金融人才和金融产品服务的全面竞争。从我们对一些银行、证券公司、基金管理公司和企业的调查以及人才市场的招聘广告来看，金融机构和企业对投资理财专业人才存在着极大的需求。例如：国泰君安、海通证券等券商机构成立了证券投资研究部，急需投资理财专业人才；中国建设银行、北京银行和北京农商银行等商业银行急需懂得投资理财的经营管理人才，许多企业也急需大量懂得投融资运营的专业人才。而目前国内培养专业性的投资人才还刚刚起步，人才数量及质量远远无法满足市场对强劲的投资学专业人才的需求，供需缺口依然很大。如何培养新型的投资人才，优化设计出新型的投融资工具和理财方案策略来实现金融资产的保值增值，已成为

① 李新（1967—），首都经济贸易大学金融学院教授，研究方向：投资学、证券投资。

各国金融业提升其核心竞争力的重心所在。

投资学专业人才就是担当这一重任的，他们将工程的思维、方法和高新技术引入金融领域，综合运用各种工程的、信息的方法，及时设计、开发和实施新型的有针对性的金融产品，创造性地解决各种投融资问题，向客户提供个性化的投资理财方案。在当今社会财富高度证券化的年代，各个行业都已离不开投资理财思维和技术的运用，更离不开投资学人才的培养。近年来，虽然有开办较早的金融学专业，但由于我国金融业的发展历史和体制的原因，该专业研究与服务的主要方面仍是对策性或政策性的，应用定量化模型和工程化方案远远不够，这方面的人才满足不了当今的社会需求。我国投资学教育在近 20 年里取得的成绩是巨大的，但也存在着一些问题与不足。例如：院校教育脱离金融市场实际；院校教育不能紧跟国际水平与潮流；人才质量难以符合实践需要，教育规模跟不上投资业的前进步伐，导致许多金融机构至今不得不承担许多本应由院校教育完成的社会化工作。我国金融业已进入全面开放的新时代，需要尽快实现与国际金融业的接轨。在这种形势下，培养具有全球视野、掌握前沿金融理论和实践技能的现代投资人才已成为我国的当务之急。只有培养出这样的现代投资人才，才能迅速提高我国金融业的国际核心竞争力，从容应对国际金融经济对我国形成的巨大挑战。

在这种背景下，发展我国的投资学，完善和创新我国投资学教学体系具有重要的现实意义。适应这种形势，金融学院投资学教学体系的建设应该坚持的基本理念与原则是：国际化与本土化相结合、理论与实践相结合、历史与现实和未来相结合。

二、投资学教学体系建设的合理定位

投资学专业是一门融经济学、金融学、管理学、统计学、保险与风险管理等多门学科于一身，且交叉性和应用性很强的专业。自从 20 世纪 80 年代以来，伴随着全球金融创新浪潮产生的新型证券，以及计算机技术的发展和投资理论研究的不断突破，投资学专业在国外日益成为显学。在国外商业教育领域，几乎可以说没有任何一种理论和技术可以像投资理论这样被迅速转化为实践。

2012年，教育部对高校本科专业设置进行改革，正式设立了“投资学”专业（金融学），这无疑是适应金融学教育和金融实践发展的主要举措，对投资专业教育发展具有重要的推动作用。从国内外金融教育来看，投资学已经成为金融学院教学的核心骨干课程，因此，我们应该高度重视投资学在金融人才培养中的基础性作用，尤其是在金融实验班教学中的作用。

结合国内外投资学教育的理论与实践，笔者认为，金融学院投资学教学体系建设可以概括为“123456培育规划”，即一个目标、两大内容、三个理念、四项原则、五大支柱、六大技能。这项培育规划要求教师在教学中，以培育适应中国金融崛起并引导成为全球金融发展的高层次金融人才为根本目标；将投资学拓展为“金融投资”（私募股权投资、证券投资及控制权投资、信托投资、租赁投资、贵金属投资、稀缺品投资及衍生工具投资）和“实业投资”（项目投资、企事业单位投资、政府投资及区域投资）两大内容；坚持“国际视野与本土操作相结合、理论与实践相结合、历史与现实和未来相结合”三个理念；贯彻“厚基础、宽口径、精专业、强技能”四项原则；建立以课程为依托的高水平教学团队（专业团队、实习－实训团队、双语－国际团队）、以因材施教为导向的模块化课程体系（通识课、基础课、专业课、扩展课）、以校内实验室实训及校外实习基地为组合的立体化职业培养机制、以现代技术为支持的网络信息资源（网络课程、专业资料库、学习园地）、以学术社团为主体的社会服务系统五大支柱；培养在“数理分析、应用实践、市场营销、职业道德、人际沟通、心理素质”六大领域具有较强技能的复合型应用人才。

这种投资学教学体系的建设，符合中国经济金融发展的实际情况，完全适应投资发展的趋势。既吸收国外投资学发展的成果，又摆脱了西方特别是美国将投资学固化为证券投资（尤其是股票投资）的片面倾向。

三、投资学教学体系建设的教学目标

为适应首都发展规划纲要对人才的需求，金融学院投资学专业人才培养目标着眼于数理分析型、市场营销型、实践应用型相结合的复合应用型人才，突出实践应用能力的培养，力争建成北京乃至全国具有影响力的“复合型、应用型、创新型”投资理财专业人才培养基地。这是由四个方面的因素决定的：一是根据我校省级重点财经院校和地方高校的特点，我们的培养目标与名牌大学的培养目标应有层级差异；二是经济金融交易供求变化快、投资风险管理技术人才需求量大，必须重视数理分析和实际运用能力的培养；三是顺应首都发展规划纲要的产业转型要求，金融业确定为首都经济发展的重要产业，面对激烈的国际竞争格局，急需大量国际化人才和营销型人才；四是根据首都经济圈居民收入水平较高对投资理财的需求迫切，而“科班”出身的专业投资理财规划师比较缺乏。另外，还要加大同国外院校进行合作培养投资理财人才，在国际化办学的过程中，进行培养方案的调整，使之适应首都经济国际化投资理财人才的培养需求。

四、投资学教学体系建设方案的实施和创新

高等教育的任务是培养具有创新精神和实践能力的高级专门人才，投资学专业建设与改革的目标就是不断提升学生的创新能力、投资理财的实际操作能力以及综合素养。适应现代经济社会发展对投资理财人才需求的变化，应科学制订专业培养方案，进一步优化师资结构，加快建设高水平的教学团队，加快建设综合实验实践教学体系和开放办学模式，构建一个“三个课堂”有机结合、理论密切联系实际、教育手段与教育方法先进、全面提升学生综合素质的“复合型、应用型、创新型”人才培养模式。

（一）以课程建设为依托，建设高水平的教学团队

投资学专业的教学必须有一支既有深厚投资学理论功底又能熟练运用实验教学手段的师资队伍。金融学院历来重视师资队伍建设，以教学工作为主线，以先进的教育思想为指导，立足于人才培养质量的提高，以国家级、省部级或学校各类重大的教学改革项目为载体，以专业建设、课程建设和实验室建设为重点，开展实验教学研究，培养实验教学建设的核心队伍，实现科

研力量对教学工作的支撑，形成科研与教学的良性互动，实现实验教学与科研工作的有机结合，集成共享，最终促进高水平骨干教师队伍、学术梯队和教学团队的形成。我们应该通过“引用和培养并举”的策略优化师资结构，形成较好的专项教学团队：投资理财教学团队、风险管理教学团队、实验教学团队和双语教学团队。

与此同时，积极创造条件，建立相关制度，鼓励专业教师到实际投资部门锻炼实习，提高实际投资能力；鼓励专业教师到国内高水平大学和研究机构进修，提高科研能力；鼓励专业教师到海外金融机构、高水平大学和研究机构学习、进修及访学。

（二）模块化设置课程体系，突出创新能力培养的实验实践教学课程体系

按照“宽口径、厚基础”的人才培养原则，我们建议将投资学专业课程设置为五个模块：通识课模块、学科基础课、专业实训课、素质拓展课、综合运用课；开设实验性金融课程（投资学综合实验课）、创新能力课程（理财产品开发设计案例分析、资本市场运作案例分析、校内仿真综合实习）、市场营销型课程（投资银行理论与实务、金融营销等）。实验教学应在学科基础课、专业实训课和综合运用课三个层次上组织实验教学。

（三）以金融实验室为平台，构建“立体化”的投资实验教学体系

按照市场需求和社会未来对人才的知识、技能、品质的要求标准和结构，制定培养目标和实施方案，构建以提高实践能力和创新能力为宗旨的实验课程体系。该课程体系由“两大部分、三个层次、四大模块”组成，具体包括：校内实验和校外实习两大部分；基础型实验、综合型实验和金融企业实践活动型三个层次；课程基础实验、专业技能实验、拓展与创新能力实验和企业见习、专业实习与实训四大模块。

根据经济社会发展对投资学专业人才培养的要求，投资实验课程体系建设既要注重实验与理论教学紧密结合，也要注重实验教学内容的综合性、互动性、启发性、完整性，从而形成适应学科特点及其自身系统性的实验教学体系。通过系统化的实验教学体系，全面培养学生严谨的学风，整合知识的能力以及综合分析、发现和解决问题的能力。

投资实验教学体系具体包括三方面的内容：其一，实验课程体系中基础实验课占30%，主要解决学生对基础理论和专业基础理论与金融行业的了解和认知过程；其二，实验课程体系中（专业及跨专业）综合设计实验课占45%，主要解决学生熟练掌握金融学科有关行业部门业务流程的实际操作；其三，实验课程体系中模拟实验课和研究创新实验课占25%，通过教师对实验课程的设计，利用课程实验软件，利用模拟实训，组织学生研讨操作阶段的实验报告和综合实验报告，使学生自主学习、互动式学习和参与式学习，培养学生的独立思考能力、团队合作能力和创新创业能力。

（四）科学运用现代教育技术，强化投资学专业教学信息化建设

通过投资学专业教学信息化建设，集成各类优质教学资源，为教师和学生提供强大的施教和学习的网上虚拟环境，达到素质教育与创新教育的有机结合。投资学专业教学信息化建设主要包括三个方面的内容：一是增强教师的信息化素质与能力，对教师进行信息化理论、方法、技术与课程整合模式四个层面的培训，以教师为主导建设网络辅助课程6门、精品课程2门、专业资源库1个、专题学习网站1个；二是利用专业网络学习平台，以学生为中心建设学生学习社区、学生创新网站、学生专题学习网站；三是依托网络课程建设，实现课堂与网络的有效整合，将投资学专业课程的教学课件、教学大纲、作业处理、辅导答疑、师生交流、学生学习活动跟踪分析以及平时成绩记录等主要教学活动通过互联网和校园网络平台完成，有效延展教师和学生的互动空间，实现课堂与网络教学的全面整合。

（五）采取多样化的教育方法和手段，培养“三型”人才

改革教学方法是深化教学改革的重要内容。教学方法改革要以培养学生广泛的学习兴趣和强烈的求知欲望，激发学生学习的内在动力，充分调动学生学习的主动性、积极性和创造性为目的，改进课程的讲授方法，贯彻少而精的原则，将知识传授和方法论指导相结合，积极实践启发式、讨论式、研究式等生动活泼的教学方法。教学方法在实现投资学专业培养目标与特色方面具有直接的作用，为了突出学校投资学专业办学特色，在教学中应运用开放式、探究式、案例式和模拟式等教学方法或措施。

（六）立足首都金融，问鼎首都智库，创建学院投资专业的品牌与特色

以首都金融为依托，发展学院投资系，成为首都投资的智库，是本土化的“立地之举”。首都经济贸易大学是北京市属重点院校，其优势在于服务首都经济与金融发展。当前，京津冀经济圈发展正当其时，首都智库建设方兴未艾。我们应该把握难得的历史机遇，以首都金融为依托，脚踏实地地服务首都，辐射京津冀，创建学院投资学科的品牌与特色，迅速将学院的教学优势转化为智库优势。遵循“立足首都，面向中国，辐射全球，充当智库，突出特色，树立品牌”这一战略思路，经过几年的努力，相信学院的投资学一定可以成为学校乃至全国有影响力的品牌专业。

参考文献

［1］林继肯. 中国金融学教育与金融学科发展［M］. 北京：中国金融出版社，2007.

［2］马彧松. 本科投资理财专业设置的架构［J］. 山西财经大学学报，2012（04）.

［3］吴云勇，陈凌白. 金融学专业投资理财方向建设方案［J］. 浙江金融，2008（01）.

［4］刘磊. 基于社会需求的金融专业教学改革探析［J］. 哈尔滨金融学院学报，2011（04）.

［5］陈兵，等. 个人理财专业设置与课程体系的构建［J］. 金融教学与研究，2005（06）.

［6］李新，崔艳敏. 公司金融［M］. 北京：首都经济贸易大学出版社，2016.

投资学专业建设的国际化与本土化[①]

徐新扩[②]

【内容提要】投资实践的深入发展要求投资学专业的学生具备国际化的视野，掌握国际化的投资理论、方法和技术。我国经济发展水平的提高和金融市场的繁荣创造出大量的本土投资机会，而我国社会主义初级阶段特有的社会经济体制需要投资学专业毕业生对我国国情，特别是我国特有的金融制度有深刻的体察。因此，投资学专业的建设需要紧紧把握“投资理念的国际化”和“投资实践的本土化”两个“方向盘”。具体而言，应当在当前的专业建设中强调对国际先进的投资观念、投资理论、投资方法和投资技术的传授；同时，应在应用类和实践类课程中加深学生对我国投资环境的了解，并将二者紧密结合起来。

【关键词】投资学　专业建设　国际化　本土化

一、投资学专业建设国际化与本土化的必要性

“新常态”成为我国经济的常态，在此大背景下，投资活动在我国面临新的局面，对投资人才的需求面临新的变化。首先，我国逐渐形成多层次资本市场的格局，这在增加投资人才就业渠道的同时，也意味着投资人才就业选择时面对的是一个更加复杂的劳动力市场，这就要求投资人才具备扎实的理

① 本文得到国家自然科学基金项目“绿色金融视角下消费信贷的碳排放溢出效应与减排策略研究”（编号：71603174）、首都经济贸易大学新入职青年教师科研启动基金项目“支持家庭减排的绿色金融路径研究”、北京市优秀人才培养资助青年拔尖团队项目“京津冀普惠金融调查与研究”和 首都经济贸易大学金融学院、金融风险研究院2016 年校内联合招标项目“保证保险在 P2P 网贷风险防控中的应用情况及存在的问题研究”的资助。

② 徐新扩（1985—），首都经济贸易大学金融学院讲师，研究方向：金融投资。

论基础和较强的适应能力。其次，“沪港通”“深港通”、金融自贸区、人民币国际化等金融领域的改革开放提高了我国投资环境的国际化程度，这对投资人才的国际化程度提出了更高的要求。再次，我国资本市场经过 20 多年的发展，金融机构、投资人等市场参与者的风险意识逐步增强，对投资人才专业素质的要求有很大的提高。

与此同时，当前的投资学专业已与计划经济体制下以政府投资为核心内容的传统投资学专业大大不同，更强调对企业和家庭投资行为和投资决策的研究。从这个角度讲，投资学专业在我国是新兴专业。从投资学专业在我国的实际建设情况来看，目前大多数高校，如首都经济贸易大学、中南财经政法大学等，都强调学生对投资理论、投资方法的掌握和对投资实践的适应，并认识到投资学专业是一门“应用型”的学科。

投资学专业建设强调学生对投资理论与投资方法的掌握。这是因为，当前我国投资实践的定量化和科学性程度明显提高，投资实践需要投资理论的指导，并需要投资方法的支撑。然而，我国经济、金融乃至投资学科发展的时间较短，发展的水平仍然较低，目前和国际主流相比仍有明显差距，距离国际主流地位仍然较远。在这种处境下，我国投资学专业处在对国际前沿的投资理论和投资方法的引进、吸收阶段，这就要求投资学专业建设需要走“国际化”的路线。

投资学专业建设强调学生对投资实践的适应和其应用型学科的特性。这是因为，我国多数高校在设置投资学专业之前，往往都已经有发展状况较好的金融学专业，投资学专业通常是在金融学专业的基础上设立和发展的，相比金融学专业，它强调对金融理论的掌握，此外，投资学专业更强调金融理论向投资行为理论和投资决策理论的转化，更强调投资理论和投资方法的实际应用。对实践性和应用性的强调，要求我国的投资学专业建设更多地立足于“本土化”的背景、经验、案例和时事等实践内容。

需要强调的是，投资学专业建设中的“国际化”和“本土化”不应是孤立的。前者是为了使学生掌握前沿的投资理论，后者是为了使学生了解投资实践，“知是行之始，行是知之成”，二者应该紧密结合起来，相互促进，共同致力于使学生成为既具备理论功底，又具有实践能力，能够顺应国际潮流和适应我国国情特色的社会主义建设的投资人才。

二、投资学专业国际化建设的要点

提高投资学专业国际化水平的主要目标在于，使学生掌握国际前沿的投资理论，投资学专业国际化建设应该围绕这一目标进行，需要在如下四个方面做出努力并取得实效：

1. 提高师资力量的国际化水平

教师是专业建设的根本。投资学专业国际化程度的提高首先是师资力量国际化水平的提高。提高师资力量国际化水平的方式有“引进来”和“走出去”两种。“引进来”的具体方式包括引进海归学者任职，邀请海外学者举办讲座、开展短期讲学等；“走出去”的具体方式包括鼓励教师到海外进修和访学，鼓励教师与国外学者合作，鼓励教师在国际期刊上发表论文，鼓励教师研读、翻译国际前沿文献等。

2. 建立海外实习基地

培养学生的国际化视野是投资学专业国际化建设的重要方面，具备国际化的视野不仅是提升学生素质的一个重要方面，也是学生掌握国际前沿投资理论的基础和前提。培养学生国际化视野的主要方式是设立海外实习基地，使学生能够到国外实习。学校应通过多种方式为海外实习基地的建设提供经济、安全和制度方面的保障。

3. 鼓励学生学习国外课程

互联网时代学生获取知识的途径大大增加，借助网络公开课、慕课等途径自学国外大学与投资相关的课程已经非常容易。投资学专业建设中应该制定更加灵活的培养方案，通过增加学分、鼓励教师指导学生选修等办法鼓励学生自学或在教师指导下学习国外相关的投资课程。

4. 加强对国际前沿文献的研读

学习国际前沿文献是掌握最新的投资理论的主要方式。投资学专业国际化建设中应加强对国际前沿文献的研读。具体做法有多种：通过建设并开设投资学前沿文献，鼓励师生研读国际期刊上的文献；设立投资理论国际前沿研讨班，鼓励学生参与最新理论的学习和讨论；加大力度鼓励师生在国际一流金融学期刊上发表论文，论文撰写过程中教师和学生会自主学习国际前沿理论并参与相关问题的讨论。

除以上主要做法外，还可以结合实际情况，通过更加灵活广泛的学习，提高投资学专业国际化的水平，例如，鼓励教师在课堂上解读国际财经事件；通过夏令营、交换生等机制，鼓励学生开展国际交流和访学，鼓励学生参加国际比赛等。

三、投资学专业本土化建设的要点

1. 建设本土化的教材

教材是教学活动开展的重要依托。投资学专业本土化建设首先是要建设本土化的教材。第一，针对当前在课堂教学中使用国外教材比较普遍的情况，投资学专业本土化建设中应该进一步对国外教材进行本土化的改造。应在国外教材基本理论框架的基础上，根据我国国情调整国外教材的知识背景，将国外的案例和实践经验替换为我国的案例和实践经验，并研究出教材中的基本理论与我国的实际情况不相符合的地方，在课堂教学中由教师向学生做出分析论述。第二，鼓励教师根据国际前沿理论和我国实际情况编写教材，这种方式对教师而言可能费时较多，但编写的教材价值较大。第三，基于我国历史和传统文化构建理论和编写教材，避免“欧洲中心论”对学生接受正确知识的负面影响。这种方式难度最大，也最有意义。

2. 建设本土化的案例库

案例教学法因具有直接、形象、易懂的优点，在当代教学活动中被普遍使用。目前已经出现了较多关于英美国家投资历史和投资事件的案例库，但基于我国投资历史和投资事件的教学案例库却非常缺乏，这对于学生理解我国的投资环境来说是一块短板。因此，建设本土化的案例库是投资学专业本土化建设亟待解决的问题。“投资学”“投资银行学”“行为金融学”等各门投资学专业的核心课程都有大量的国内金融事件与之相关，每门课程都可以建设相应的案例库。

3. 建设多层次的本土实习基地

从不同的视角看投资，会对投资有不同的认识。目前多数高校的投资学专业都能够为学生提供一定的实习机会，但这些实习机会一般是零散的，缺少系统性，学生实习以后仍然像盲人摸象，只能认识到投资活动的一个“切面”。为增强学生对本土投资活动有更加全面的认识，应该建设多层次的实习基地。实习基地不仅有证券公司、基金公司、信托公司、私募及期货公司等各类投资机构，还应包括监管部门、被投资企业、投资咨询公司及投资信息中介等相关投资机构。此外，鉴于目前互联网金融行业发展比较迅速，也应重视在互联网金融企业设立实习基地。

4. 逐步实施校外导师制度

部分高校开始在金融专业硕士的培养中采取校外导师制度，该制度的一个突出优势是能够使学生对“业界”有更深入的了解。作为一门应用学科，投资学专业的本科生也需要对投资获得的实际操作过程有深入的了解。为此，可以在投资学专业本科生的培养中逐步实施校外导师制度。首先，应选择部分金融专业硕士的校外导师开展投资实践的讲座；其次，应邀请从事投资实践的校友或其他相关人员与学生进行深入的交流；再次，应借助实习的机会，使学生与实习单位的指导人员建立长期联系机制，使学生获得校外专业人士的长期指导；最后，在条件许可的情况下，针对投资学专业的本科生建立校外导师制度。

四、投资学专业建设国际化与本土化的有机结合

投资学专业建设的根本目标是使学生更好地掌握投资理论和方法，并具有较强的投资实践能力，无论国际化还是本土化，投资学专业的建设都应紧紧围绕这一根本目标展开，为此，应使投资学专业建设的国际化与本土化有机结合起来。

1. 国际化是本土化的基础

投资学专业建设的国际化能够为投资学专业建设的本土化提供理论基础、实践方法和经验借鉴。只有通过国际化建设使学生更好地掌握国际前沿的投

资理论，才能够使学生更好地理解我国的投资环境和投资实践。期权定价理论对期权市场发展的指引说明，投资理论可能领先于并指引投资实践的发展，投资理论和投资实践之间存在相互促进的关系。对应于投资学专业的建设，国际化能够使学生对国内投资有更好的理解，并有可能促进或引领国内投资的发展。

2. 本土化是国际化的落脚点

投资学专业建设的本土化是投资学专业建设国际化的落脚点。投资学专业建设的国际化能够使学生掌握国际前沿的投资理论和投资方法，并能够使学生在以后的投资活动中获得一定的投资经验借鉴。但我国投资学专业目前主要的培养目标是培养适应我国特色社会主义建设的投资人才。在此目标下，投资学专业建设的国际化本身不应成为目的，而是为了培养适应我国实际投资需求的人才。投资学专业建设的本土化能够使学生成为适应我国国情的投资人才，因而应成为投资学专业建设国际化的落脚点。

3. 国际化与本土化相辅相成

无论是国际化还是本土化，都是投资学专业建设的路径和方向。它们的共同目标是培养投资人才，因而应该将二者有机结合起来。一方面，应该在投资学专业建设的国际化中寻找本土化的理论依据和经验证据；另一方面，应该在投资学专业建设的本土化中提升国际影响力、提炼具有国际影响的理论。

五、结语

在经济“新常态”以及对投资人才理论水平和实践能力要求都越来越高的背景下，作为应用学科的投资学在专业建设中应走“国际化”和“本土化”的道路，并将二者有机结合起来，以培养高素质的投资人才。

投资学专业国际化的建设要点包括提高师资力量的国际化水平，建立海外实习基地，鼓励学生学习国外课程，加强对国际前沿文献的研读。投资学专业本土化的建设要点包括建设本土化的教材、建设本土化的案例库、建设多层次的本土实习基地以及逐步实施校外导师制度等。

投资学专业建设的国际化是本土化的基础，投资学专业建设的本土化是国际化的落脚点，国际化与本土化是相辅相成的，因而应该将二者有机结合起来，以此培养出具有较高理论水平并具有较强实践能力的、适应我国特色社会主义经济建设的投资人才。

参考文献

[1] 毛泽东．实践论［M］．北京：人民出版社，1976.

[2]【英】钱塞勒．金融投机史［M］．北京：机械工业出版社，2013.

[3]【印】斯瓦卢普．金融危机简史：2000 年来的投机、狂热与崩溃［M］．北京：机械工业出版社，2015.

[4] 成思危．中国要有自己本土品牌的案例［J］．管理观察，2015（24）．

[5] 初昌雄，CHUChang－xiong. 我校投资学专业建设存在的问题与建议［J］．仲恺农业工程学院学报，2010（s2）.

[6] 张卫东．创办应用型本科院校投资学专业需要明晰的四个基本问题［J］．太原大学学报，2015（02）．

[7] 黄凤娟．广东省“一带一路”战略背景下投资学专业人才的需求及培养［J］．企业导报，2016（14）.

[8] 黄德权，邹新月．以市场需求为导向创新“三型”投资理财人才培养模式——以广东商学院投资学专业（投资理财方向）为例［J］．金融经济月刊，2012（08）．

[9] 梁丽红．投资学学科人才培养体系建设相关问题探讨［J］．网络导报·在线教育，2011（05）．

[10] 黄德权．以市场需求为导向积极培养投资理财人才［J］．金融教学与研究，2012（06）．

“一带一路”倡议与北京国际交往中心的发展[①]

方　兴[②]

【内容提要】在北京疏解非首都功能中，北京 CBD 应该未雨绸缪，对于腾退疏解的空间，要从我国国际发展战略出发，提升北京 CBD 作为国际商务中心的水平。发展北京 CBD 教育功能有三个目的：其一，提升我国的国际形象，建设国际一流的 CBD；其二，发展北京 CBD 教育功能，为政治、文化、国际交往、科技创新中心服务，弘扬中华民族文化；其三，补齐北京 CBD 在人文环境、民生方面的发展短板，建设和谐宜居之都。

【关键词】“一带一路”　北京国际交往中心　CBD　教育

一、在“一带一路”国际交往中学习，走出劣势

“一带一路”的发展倡议，需要国内外共同努力实施。我国是“一带一路”的出发地，北京是政治中心、文化中心、国际交往中心、科技创新中心。应该从全球视角，审视北京作为首都应该如何提升我国的国际形象和地位，弘扬中华民族文化。同时，国际交流中应学习先进的国际经验，提高我国的国际竞争力。学习先进的科技知识、进行符合中国国情的创新。为此，疏解北京非首都功能时，应在调整中动态升级，将北京建设成为具有国际一流水平的和谐宜居之都。在疏解北京非首都功能的同时，如何引入国际顶尖级的人才和机构，北京 CBD 今后如何规划和运作，将对我国宏观发展战略起到至关重要的作用。

作为 13 亿人口的国家，我国不能仅仅止步于劳动密集型产业。虽然我国

① 本文为北京市社会科学基金项目（重点项目）“北京 CBD 教育功能发展研究”（项目编号：10AbJG364）的资助项目。

② 方兴（1965—），首都经济贸易大学金融学院教授，研究方向：国际金融、汇率制度。

现阶段资金、技术是不占优势的，只是劳动力相对其他生产要素而言略好，但是，劳动力成本优势会逐渐减弱。我国不能只发展劳动密集型产业，应该在国际竞争中学习，改变我国的弱势状态，不能像有的国家，成为大国变相的殖民地，单一经济取代原有的综合经济体系。虽然，该国开放初期经济似乎有所起步，但是，这是饮鸩止渴。综合经济体系丧失后，就将丧失其宏观调控能力，成为某大国的附庸、变相的殖民地。

虽然我们倡导双赢互惠，但是，实际上国际竞争通常是多方不合作博弈，而且，我国大多数情况下是处于劣势。如果处于劣势的我们，因此不参与国际竞争，我们将长期处于劣势，而且这种劣势将越来越严重。我们应该在国际竞争中学习，在“一带一路”倡议的引导下，逐渐走出劣势。因此，作为国际交往中心，北京 CBD 应该发展教育功能。一方面，弘扬中华民族文化；另一方面，提高我国从业人员的素质水平和能力水平。

二、弘扬中华民族文化需要教育

国际交流中，学习国外先进经验和科技时，不能一味地盲目“求同”，还需要“存异”，保持中国特色，弘扬中华民族文化。上下五千年的中华文化是我们的骄傲，它使我国屹立于世界东方，也是我们献给世界的瑰宝，更是国际交流中我国吸引力的所在，就像屠呦呦获诺贝尔奖后，青蒿素让世界承认中医药，2008 年的北京奥运会，向世界展示了当今中国的风貌。中华民族文化的博大精深，承载它的中文记载着华夏五千年的文明，深邃凝重。传承与弘扬中华民族文化，需要“教”，需要“育”，中华民族文化需要尽心和精心的教育，教育是国际交往中心不应缺失的功能。在对外传扬中华文化时，应根据具体情况，设计多层次、形式各异的多种方案，将弘扬中华民族文化落到实处。

三、抓住“天时、地利、人和”的契机，发展北京 CBD 教育功能

作为国际交往中心的北京 CBD，在弘扬中华民族文化、学习国际先进科技和经验方面，具有天时、地利、人和的优势。

1. “天时”：发展北京 CBD 教育功能的时机

发展北京 CBD 的教育功能源于四个方面的原因：其一，我国“一带一路”的发展战略的实施；其二，疏解北京非首都功能，低端市场迁出北京，调整升级业态；其三，我国加入世界贸易组织的 15 年保护期于 2015 年 7 月到期，之后，外商可以全行业进入我国，国际交往的增多，也加剧了国内国际的竞争，客观上要求我国从业人员学习并达到参与国际市场竞争的水平；其四，在经济新常态下，发展北京 CBD 教育功能，不仅是供给侧改革中新的经济增长点，而且为我国经济可持续发展提供人才储备。

2. “地利”：发展北京 CBD 教育功能的地域优势

北京 CBD 在学习国际先进经验和弘扬中华文化两方面均具有得天独厚的地域优势。应该因地制宜，发展北京 CBD 教育功能，推动其成为服务于首都的政治、文化、国际交流和科技创新中心。

（1）与国际接轨，多元文化整合，优势互补。学习国际先进经验，北京 CBD 具有得天独厚的地理位置优势。据百度资料显示，北京 CBD 集中了北京市 90% 的国际传媒机构（169 家），约 80% 的国际组织，110 家国际商会，约占 80% 的跨国公司地区总部（50 家），约 70% 的世界 500 强企业（160 家），约占 70% 的国际金融机构（252 家），北京 CBD 登记的外籍人口近 4.4 万人，占北京市的 50%。北京市约 50% 以上的国际会议、90% 的国际商务会展在北京 CBD 举办。另外，美国耶鲁大学、芝加哥大学等国际顶级大学已经在北京 CBD 设立教育机构。北京 CBD 应充分利用国际教育资源，学习国际先进经验。

（2）弘扬中华民族文化具有地利优势。北京 CBD 内有外国驻华大使馆区、中央电视台、人民日报社和凤凰卫视等我国的传媒机构，另外还集中了北京市 90% 的国际传媒机构（169 家）。弘扬中华民族文化，具有地理位置和技术设备的优势。

（3）发展北京 CBD 教育功能，提升北京 CBD 的人口素质，改善北京 CBD 的人文环境。

3. “人和”：培养与国际一流 CBD 相适应的我国从业人员

设想未来北京 CBD 已经达到国际一流水平，大量国际顶尖级机构进入。但是，我国现有的从业人员由于不具有相关的技能，或未能达到与之相适应的专业技术水平，又未能通过学习补充相关知识，无法在北京 CBD 就业。虽然未来北京 CBD 云集诸多国际顶尖机构，但是从业人员大部分是外籍人员，情况类似于旧上海的英法租界。如果这种情况确实发生了，那时我们会后悔当初没有抓住时机教育培养符合国际水准的我国从业人员。特别是如果大量外籍人员充斥中资银行，将不仅产生信息安全隐患，在国家宏观调控经济时也会难于驾驭，将对我国金融、经济、社会安全构成潜在的风险。因此，今后应该发展北京 CBD 教育功能，培养与国际一流 CBD 相适应的我国从业人员。特别是在政治文化、银行金融等关乎国计民生的领域，应该由中国人掌握在我国的话语权，以及金融和经济调控的主动权。

四、发展北京 CBD 教育功能的资源与受众

发展北京 CBD 教育功能，有两个方面需要考虑：一方是北京 CBD 教育的资源；另一方是北京 CBD 教育的受众。北京 CBD 作为国际交往中心，既有得天独厚的、丰富的、多元文化的教育资源，又有受众的迫切需求。

1. 教育资源

教育资源来自两个方面：使馆区的多元文化；今后国际顶尖机构的进入。

2. 教育需求

教育需求来自四个方面：在北京 CBD 的外国人学习中国文化；在北京 CBD 的中国人员急需提高技能；在北京 CBD，普通教育难以满足高端群体的需求；精品教育供给相对于北京海淀、东城、西城匮乏。

发展北京 CBD 教育功能的受众方按照需求分为对外和对内两大类，对外是指外国人，对内是指中国人。

五、发展北京 CBD 教育功能是供给侧新的增长点

与教育需求对应的供给侧应该进行改革，当前供给侧改革的优势，包括前文所述的"天时"和"地利"。作为国际交往中心，发展北京 CBD 的教育功能，弘扬中华文化，发展文化教育产业，在经济新常态下，形成新的经济

增长点，实为北京 CBD 因地制宜的供给侧改革。

六、调整北京 CBD 功能，疏解高污染、高能耗产业，增强北京 CBD 教育功能

疏解北京非首都功能时，北京 CBD 功能也应该调整升级。引用百度百科的介绍，过去北京 CBD 功能的定位是：管理功能、集散功能、服务功能、交往功能。今后应该增加教育功能，服务于首都政治、文化、国际交流、科技创新四个中心。北京 CBD 功能调整升级包括疏解和发展两个方面。

1. 疏解：北京 CBD 的低端商铺和商品零售业以及高污染、高能耗产业

人们集聚 CBD 的原因之一，是需要“面对面”，也就是在 CBD 中便于人们相互了解、考察和交流。随着时代的进步和科技的发展，CBD 原来的一些功能，如商品零售业等应该退出。因为大数据时代，随着无线通信、互联网、物联网、物流网、网银及 P2P 等的发展，网上购物、facetime 等已经成为生活的常态。另外，零售商散落在 CBD，将降低 CBD 的整体效应，使 CBD 的办公环境恶化。一方面，北京 CBD 大多数人员在工作时间不能去购物，即使是下班后，北京 CBD 的工作一族，因为网购的廉价和便利，越来越多的人会放弃在北京 CBD 购买价格较高的商品。另一方面，天价的商铺租金，较少的客户，较短的营业时间，使北京 CBD 的零售商营业额受限，甚至赔本，进而财政税收会因此减少。所以，应该疏解北京 CBD 的低端商铺和零售商。

2. 发展：北京 CBD 教育功能

在国际商务及贸易领域，与外商的谈判方式越来越表现为面对面的交流，而并非之前通过各种高科技手段所实现的 facetime、国际可视电话会议等网上交流的方式。因为，随着卫星、无线通信技术和计算机网络技术以及生物工程技术的发展，特别是美国哈佛大学和麻省理工学院毕业的 Robert Duncan 博士发明的一种有关脑对脑的技术被不法分子利用使盗取他人的信息和商业机密成为越来越普遍的现象。为了判别真伪，面对面交流重新成为必需的沟通方式。人们发现，某些高科技的运用使得马斯洛的安全需求越来越得不到满足，并在某种程度上迫使人们进入后现代社会。这里的“后现代社会”是指

现代社会的高科技，如卫星通信、大数据时代的互联网+、脑对脑技术和计算机网络技术等，这些本来应该造福人类的技术，却被用来威胁他人安全，而且这些高科技通常不能被非专业人士所了解。因为目前还尚未发现应对这些安全威胁的有效措施，所以在某些方面只能被迫放弃这些高科技带来的便利的现代化生活，“后现代生活”是人们的权宜之计。基于安全性考虑，对于个人来说，学习如何防范高科技带来的安全隐患成为最重要的需求，这也将成为未来北京 CBD 教育功能发展的一个独特方面。

在国际交流中，由于受到语言文化、专业背景等因素的制约，面对面的沟通和交流成为必不可少的环节。国际交往中心既是首都功能之一，也是北京 CBD 功能调整动态升级的建设目标之一。北京 CBD 作为国际交往中心需要发展教育功能。

七、西方的城市发展理论在我国是否适用，需要考证

世界大多数国家是自然形成的，而新中国是遵循马克思理论建立的。我国从封建社会直接进入社会主义，跨过资本主义阶段，所以，西方的城市发展理论在中国是否适用还有待考证。美国芝加哥大学教授提出的城市五个同心圆理论不适用于北京的未来。因为中国有 13 亿人口，而美国只有 3 亿人口，北京更是人口过度密集。因此，未来的北京应该走立体式多中心的发展道路。

1. CBD 发展的不同阶段

在人类发展的历史上，在农业社会向工业社会过渡的时期，工业化的发展需要大量的劳动力。农村受生产力水平的限制，生产率不及城市大工业的生产率水平，城市的劳动回报高于农村，因此越来越多的农业人口流入城市，从乡村到城镇，再到城市。这条类似的路径历经数个世纪，在不同的国家，因当时的科技发展水平形成各自的特点。因此，不同国家、不同地区和不同发展阶段，城镇化、城市化以及中央商务中心（Center Business Distraction，简称 CBD）的发展有不同的演变特色。就我国而言，北京、上海、香港特别行政区等地因受地域、历史发展和未来城市规划多因素的影响，其城市功能是不同的。

此外，同一城市在不同的发展阶段，其中央商务区的功能也是不同的。

CBD 的功能结构不断演变，CBD 由原来的五个同心环模式，向多元化格局发展。随着全球化的推进，国际交流、文化产业、知识经济、服务经济和休闲经济等逐渐成为 CBD 发展的主流领域，北京 CBD 亦是如此。

目前，北京 CBD 需要可持续发展，疏解非首都功能。而有些省市地区正处于城镇化进程中，这对于疏解非北京 CBD 功能是有益的。集聚在城市的大量无业游民和贫民可以返回家乡，在家乡的城镇化建设中获益。

2. 北京 CBD 人才集聚及其溢出

在 CBD 的研究中，学术界、政府以及地产商关注较多的是 CBD 的核心放射作用、人才集聚等理论。但是应该注意到，北京 CBD 已是过度集聚，甚至是溢出，或称集聚的逆过程，城市里集聚大量的无业游民和贫民。

在今后的发展中，CBD 应该向多功能立体发展，不再是五环中的核心环，也不是平面上的几个点（即商业集聚地），而是立体的、具有综合性多功能的、适合人类居住的商住两用的高端社区。

北京是政治文化和国际交往中心，工业生产分布在其他城市，非北京 CBD 功能的，如小商品批发应该疏解迁至北京周边城市。如果北京 CBD 中集聚过多的零售或批发商，会增加交通压力，加重汽车尾气排放，使雾霾天气增加，高端人士权衡商业利润和其自身的健康后，有可能迁出 CBD。

3. 过度强调城市化，将集聚大量的无业游民和贫民

中国社会科学院金融研究所副所长剑峰 2012 年 11 月发表“中国经济转型的三个错误倾向”一文，阐述“中国经济转型中存在三个错误倾向：第一，过度强调城市化；第二，过度强调消费；第三，过度强调收入分配。”在论证当前错误倾向之一“过度强调城市化”中指出：“中国的非农就业比重超过了 60%，但城市人口比重刚刚过 50%。因此，直觉很容易使我们以为城市化比工业化慢了 10 个百分点。但这是错误的。”

以美国、日本、德国为例。这三个国家都早已完成了工业化，其非农就业比重一直保持在 90% 以上，而总人口中城市人口的比重远低于 90%。在 2010 年，美、日、德的城市人口比重分别为 82%，67% 和 74%。城市化没有落后于工业化的国家还有巴西。2010 年，巴西的非农就业比重和总人口中城市人口比重分别为 83% 和 86%。剑峰认为：“非农就业是关键，工业化应领

先于城市化，这样才能保证城市里不会集聚大量的无业游民和贫民。"他采用一个指标来重新界定工业化和城市化的关系：城市人口比重/非农就业比重。"2010 年，中、美、日、德和巴西的这个指标分别为 0.71，0.83，0.69，0.75 和 1.04，中国介于日本和德国之间。"剑峰发现："单纯的城市化远非我们想象的那样可以成为经济增长的动力。如果以美国城市人口比重/非农就业比重（0.83）作为一个不会发生大量城市无业游民和贫民的阈值，再假设中国的工业化停滞以至于非农就业比重维持在 60% 的水平不变，那么，中国的城市人口至多只能达到总人口的 53%——仅比 2012 年的水平高 2～3 个百分点，按照过去城市化的速度，之后几年中国的城市人口比重就会达到这个临界点。"剑峰强调："城市化水平的提高必须以非农就业的增加为基础，城市化绝不能成为单独的政策目标。各地政府通过圈地来推动的城市化，以大上快上包括地铁在内的基础设施项目来追求的城市化，是需要警惕的。"

八、结语

为了建设绿色北京生态环境，还北京 CBD 蓝天白云，北京 CBD 应该向绿色生态立体化发展。突破传统的 CBD 概念，发展北京教育功能，助力北京成为和谐宜居之都，弘扬中华特色的政治、文化、国际交流和创新四个中心。

从多年前北京 CBD 的规划筹建、公共设施建设、中央电视台迁址到 CBD 东扩，多少专家学者出谋划策，加强政府运作、建设融资，希望吸引跨国集团、国际名企，实现人才集聚。几年来的研究发现，将北京 CBD 立体化，可改善北京中央商务区的生态环境，应关注北京 CBD 教育功能的发展。

参考文献

［1］殷剑峰．经济转型和改革的三种错误倾向［OL］．中国社会科学院金融研究所网站，2012－11－29，http：//ifb. cssn. cn/kycg/2012kycg/201212/t20121204_ 2237950. shtml.

［2］殷剑峰．中国经济转型的三个错误倾向［OL］．观察者网站，2012－11－13，http：//www. guancha. cn/Macroeconomy/2012_ 11_ 13_ 109254. shtml.

北京寿险行业认知度调研分析[①]

徐　昕[②]

【内容提要】保险业作为我国金融体系的三大支柱之一，为我国经济社会的平稳发展发挥了巨大的作用。但一直以来，保险行业声誉不佳、形象不好的问题比较突出，主要表现为消费者不认同，从业人员不认同以及社会不认同。如果不及时采取有效措施加以解决，很可能会引发信任危机，制约行业的可持续发展。笔者通过搜集整理北京市寿险行业报告，定性分析北京市寿险行业发展现状，运用问卷调查的形式获取消费者对北京寿险行业认知度的一手材料，并对寿险从业人员认知度进行探索性调研，分析当前我国北上广等发达地区寿险行业发展中存在的相关问题，为保险业更好地服务于我国经济社会的发展提出可供参考的政策性建议。

【关键词】保险业　寿险行业　认知度

一、引言

目前我国保险业发展整体面临着巨大机遇，保费收入继续逐年稳步上升，资金运用也是前所未有的灵活。根据保监会的数据显示，2015 年保险行业资产总额达 123 598 万亿元（见图 1），相比年初增长 21.66%（见图 2）。从近年的增速趋势来看，从 2008 年以来大部分年份保险行业总资产的增速都在 20%左右，符合预期。目前，保险资金投资渠道逐步开放并多元化，加快重点领域保险业务发展，保险的经济助推器和社会稳定器作用日益凸显。

---

① 本文为首都经济贸易大学北京高等学校高水平人才交叉培养“实培计划”项目的部分研究成果，课题组成员为王煜、周经纬、宋婷瑜、刘子琼、高莎莎。

② 徐昕（1979—），首都经济贸易大学金融学院副教授，研究方向：风险管理与保险精算。

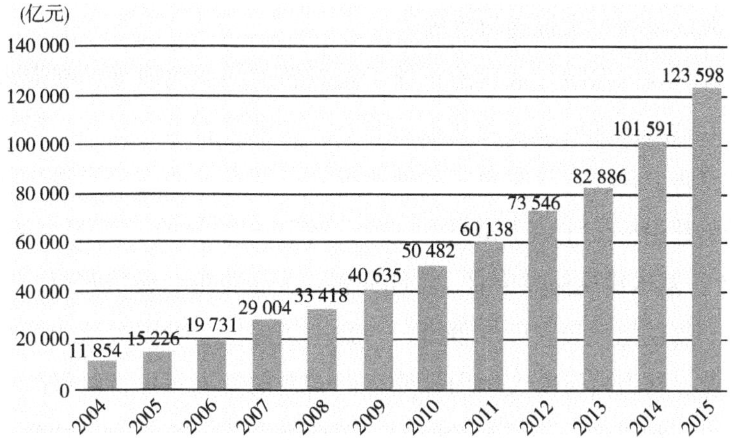

图 1　2004—2015 年保险行业资产总额

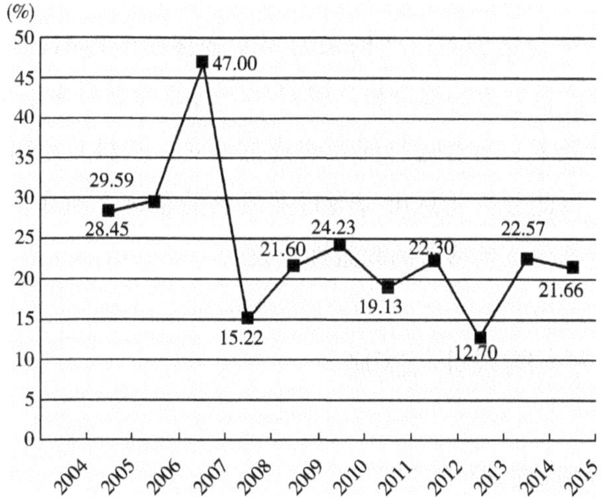

图 2　2004—2015 年保险行业资产总额增速情况

2015 年年末，保险行业资金运用余额为 111 795.49 亿元，较年初增长 19.81%。2015 年我国保险资金运用余额突破了 10 万亿元大关。按照《关于加快发展现代保险服务业的若干意见》确定的目标，2020 年全国保费收入将达到 5.1 万亿元。2014—2020 年，7 年间保险资金可运用规模预计将超过 20 万亿元。保险资金可运用规模的不断快速增长，可投资渠道的不断开拓，将为整个行业的发展带来机遇和挑战。

可以说，我国保险行业目前正处于发展转型的关键时期，在未来 5 年内全国及各发达地区保险深度与密度都将有一个质的提升。然而，随着市场机制的日趋完善，曾经跑马圈地式的展业模式已经不能适应新形势下的发展需要，唯保单数论英雄注定不是长久之计。2014 年出台的“新国十条”提出，到 2020 年，基本建成保障全面、功能完善、安全稳健、诚信规范，具有较强服务能力、创新能力和国际竞争力，与我国经济社会发展需求相适应的现代保险服务业，努力由保险大国向保险强国转变的发展目标，对保险行业提出了更高要求。在这样一个关键的时期，哪些企业能尽快走出只冲数量、不管质量的怪圈，就能在转型经营中占得先机。

然而，提升保险服务质量并非是一蹴而就的事，转型过程中面临着各种各样的挑战，其中很大一部分便是来自民众对保险认知度的问题。因为保险产品提供的是一种金融服务，严格来说属于奢侈品的范畴，需求弹性较大，所以，民众对保险认知度的提升幅度将对整个行业发展带来不可小觑的影响。正是在这样的背景下，笔者通过问卷调查的形式，获得北京市寿险行业认知度的一手数据，以此分析北京市寿险行业发展的瓶颈之所在，并与其他一线城市进行对比，提出可供参考的政策性建议。

二、调研方案的设计与实施

（一）调研方案的设计

此项调研主要采用问卷调查的形式，通过网络渠道分发问卷、收集相关信息。问卷共 21 道题，其中 16 道单选题，4 道多选题，一道简答（选填）题。问卷针对两类不同的调查对象主要设置了两类问题：一类为寿险行业从业者准备的；另一类则针对的是其他职业的答卷人。1，2，21 三道题是共同的问题，前两题设置的目的是想了解受访者的年龄段和学历状况。因为不同年龄段的人群生活经历不同，价值观也有差别，所以相应会对寿险业有不同水平的认知；学历因素直接反映了受访者受教育的程度，对行业认知度也有更加明显的影响。21 题则是希望搜集受访者对保险行业的意见和看法，便于我们参考并提出与之相关的政策性建议。

针对非保险从业人员或财产险从业人员，也就是寿险产品的主要消费者，我们设置了 4～11 题，分别考察该类人群对寿险的了解程度、了解渠道，购买寿险的直接原因、意愿，他们的投资理财倾向、保险和风险意识，对保险公司以及与其直接接触的营销员的印象方面的状态。其中，每一个方面都对其投保与否有着直接的影响，同时也从消费者自身以及社会舆论的角度反映出不少保险人在日常经营中存在的问题。

我们针对寿险从业者的问题做了进一步细分，将从业者分为直接与客户打交道的前台人员和非前台人员。与非前台人员相比，前台人员还需要多回答 13～15 题，13、15 两道题直接考察前台人员对业务熟悉程度和对客户需求的了解程度，这也直接决定了前台人员所能提供服务质量的水平，14 题则是考察不同展业方式的难易程度，16～20 题则是考察所有寿险从业人员对寿险行业的认可程度和发展中的问题。

总体上，这份问卷本着全面、客观、精炼的原则从供给和需求方两个角度考察民众对北京市寿险行业的总体认知水平。

（二）调查方案的实施

采用网络调研的方式分发问卷，节省了不少成本和时间，问卷回收也相对容易，同时还从技术上避免了无效问卷的产生，是一种效率较高的调研方式。

三、基础理论依据

此次调查在依据恒安标准寿险指数的几个分析方向下，根据实际情况，分别从受访者的年龄、受教育水平以及职业状况进行分析，从而综合整理居民对寿险的认知度情况、认知度水平高低的原因、反映的问题和对应的解决方案。

恒安标准寿险指数是一个反映消费者对寿险综合认识水平的指数，它通过数学模型的方式将消费者对关爱、财务展望和风险的认知，以及消费者对寿险的印象、对寿险专业建议的认知和购买意向进行综合评价，反映消费者对寿险需求和供给的综合认知。

恒安标准寿险指数包括 1 个总指数、6 个一级指数。总指数即恒安标准寿险指数，一级指数为如下 6 个：

（1）关爱认知指数：该指数用来衡量消费者为家庭成员规避风险所愿意付出财富的数量。消费者对自己或家人关爱指数越高，则对寿险的认识和需求越充分。

（2）财务展望指数：该指数通过对消费者财务规划指数的调查来衡量其对未来生活的期望，具体包括投资选择的倾向，对未来收入和投资的预期，首先在个人总投资中所占比重等指标。消费者是否进行财务规划以及以哪种形式进行财务规划，则反映出将这种需要向欲望转化的程度。寿险作为可以分散风险和抵御风险的一种财务规划方式，是否被消费者利用和利用的程度，反映了消费者把“生活质量”的需要向寿险购买欲望的转化程度。因此，该指数主要测试消费者对养老、医疗、子女教育和个人保障方面的愿景和相关的财务规划方式。财务展望指数越高，寿险被用来作为财务规划工具的概率就越大。

（3）风险认知指数：该指数通过测试消费者是否认可风险的存在和个人对风险的应对能力来考察消费者对风险的认知。风险认知程度高，对寿险服务的需求就更强烈。

（4）行业印象指数：该指数考察消费者对寿险服务专业价值的认识，主要包括对从业人员印象，对相关保险企业印象以及对整个保险市场的印象三个方面。行业印象指数越高，说明消费者对寿险行业的评价越积极，寿险行业被接纳和受欢迎程度也越高。

（5）专业建议认知指数：该指数通过测试消费者对寿险相关领域专业建议的认识情况，比如对寿险行业从业人员提供的咨询服务和给出建议的认可度，从而考察消费者对寿险服务专业价值的认识。该指数越高，表示消费者认为寿险行业服务的价值越大。

（6）购买意向指数：该指数一般与消费者对寿险行业的认知程度成正比，购买意向指数较高的人，对寿险行业的认知度较高，因而对寿险产品也具有更大的需求和更强烈的购买意向。寿险指数的总指数与一级指数的关系如图 3 所示。

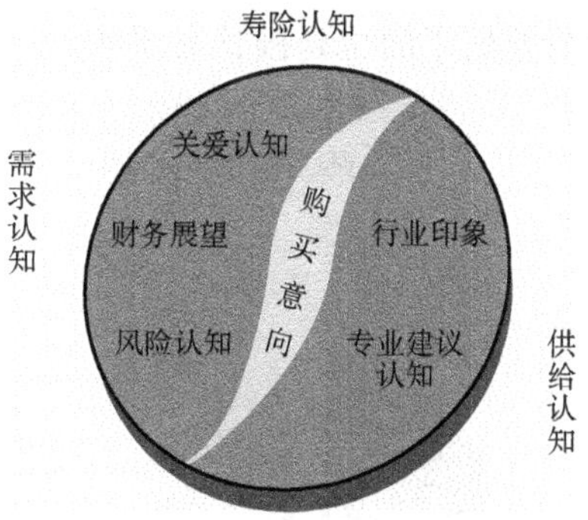

图 3　寿险总指数与一级指数的关系

恒安标准寿险指数是一个将认知度量化的数学模型，类似于西方经济学中的基数效用论，但笔者认为这种数量化的衡量方式太过绝对，对于像本次调研这样定性的探索式分析研究不完全适用，所以本文利用的不是量化的指标，而是这个模型考察认知度的角度和思想，从定性的角度对北京寿险行业认知度进行分析。

四、数据分析

在本次寿险行业认知度调查中，受访者共 302 人。其中，寿险从业人员 20 人，非寿险从业人员 282 人。具体统计详情为：受访者以中青年为主，35 岁以下的人占比为 82.79%，17.21% 为 35 岁以上。从受教育水平来看，有 89.4% 的人为本科及以上学历，大部分受访者接受过较高水平的教育，其余受访者的学历为高中及以下。

（一）从非寿险人员角度分析

1. 受访者对寿险产品的了解度

在非寿险从业者中，有一半以上的人表示不了解寿险产品，有 1/3 的受访者表示了解个别产品，对寿险产品了解较多的人仅占 6.38%。图 4 的数据表明，受访者中感兴趣并经常关注寿险产品的人非常少，绝大多数的人都处于对寿险产品不了解的状态。因此也可以说，寿险行业的发展前景是非常广阔的，加深人们对寿险行业的了解也是极其必要的。

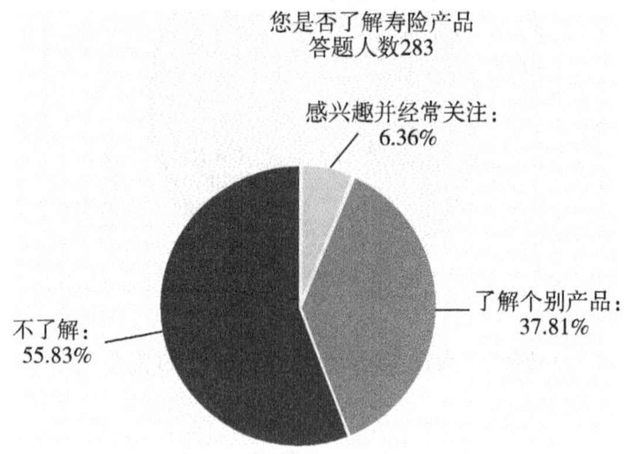

图4　受访者对寿险产品的了解度

2. 从受访者年龄对寿险行业认知度影响的分析

调查显示，年龄大小对寿险行业的认知水平有较大的关系，其中，50岁以上的受访者对寿险行业的了解程度最低，35～50岁的受访者对寿险产品的了解程度最高（见图5）。根据实际情况和调查结果综合分析可以看出，寿险行业近些年正处于一个迅速发展的时期，因此中青年对该行业了解程度比老年人要高，并且寿险服务的需求者也以中青年为主。

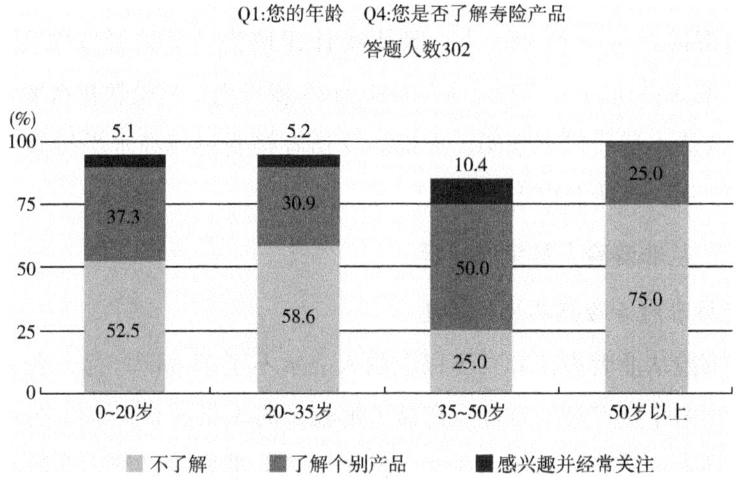

图5　不同年龄段的受访者对寿险产品的了解度

3. 从受访者学历对寿险行业认知度影响的分析

调查显示，受教育水平与对寿险行业的认知度基本成正比的关系，受教育水平越高，对寿险行业的认知度越高，反之则越低，这一调查结果也符合现实状况。根据华凯智博公布的《2009—2010 年度中国居民人身保险市场调研城市总报告》显示，较高学历的人群持有保单的数量相对高于较低学历的人群，在麦肯锡《中高端客户需求调查研究》中显示，中高端客户 51% 以上具有大专以上学历，风险意识强。因此我们可以预测，在我国综合国力不断增强、人们受教育水平不断提高的趋势下，居民的寿险意识会越来越强。

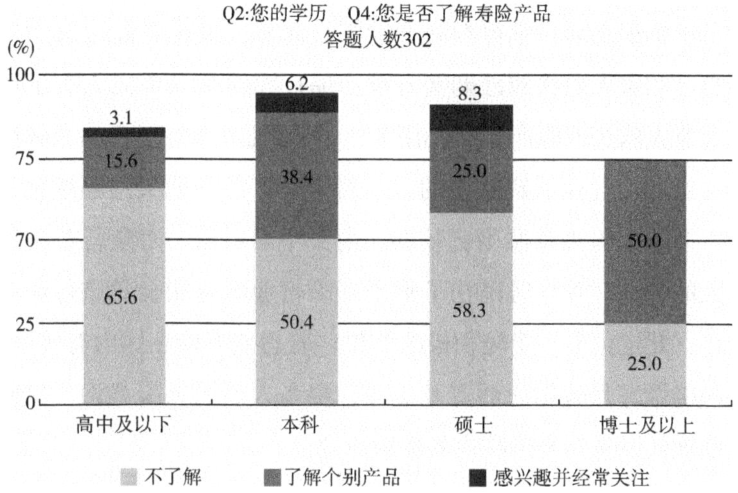

图 6　不同学历的受访者对寿险产品的了解度

4. 从居民对寿险了解途径的分析

在对寿险行业有了解的受访者中，依靠大众传媒了解寿险的人数最多，其次是亲友介绍，再次是专业学习，最后是咨询专业人士（见图 7）。由此可以看出，大众传媒在寿险行业的推广和发展中起着极其重要的作用，要想让寿险行业在居民中传播并树立起准确无误的形象，利用大众传媒的手段至关重要。

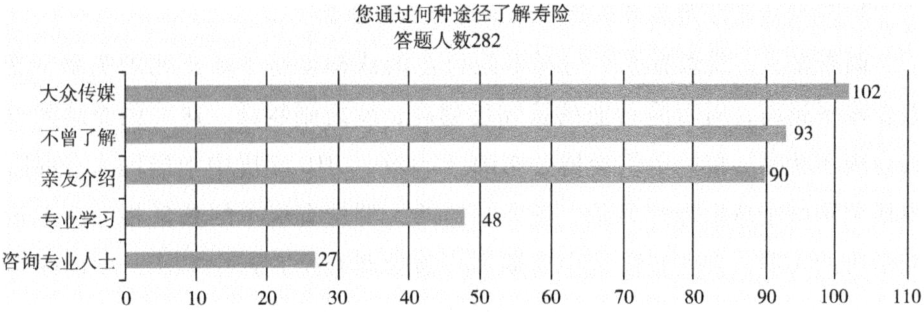

图7　受访者了解寿险的途径

5. 从居民对寿险产品的了解度以及购买意愿的分析

调查结果显示，近一半的人购买寿险产品是出于个人的需要，当他们了解保险的基本知识之后，觉得有必要购买。此外，调查中大约36.9%的人明确表示为自己和家人购买或已购买寿险产品；大约42.6%的人表示可能考虑为自己或者家人购买寿险产品（见图8）。从居民对寿险行业的了解度和购买意愿来看，对寿险行业了解越多的人，对寿险产品的购买意愿越强，对寿险行业了解不多的人购买意愿则比较弱。由此不难看出，寿险行业在国内的发展存在巨大的潜力，并且居民在了解了寿险行业后可能会对该行业有一个更准确的定位，此定位是一个较积极的结果。若想使寿险在国内有较好的发展，我们需要积极做好寿险知识的普及工作，提高人们的保险意识，也使群众可以客观正确地认识包括寿险在内的保险行业。

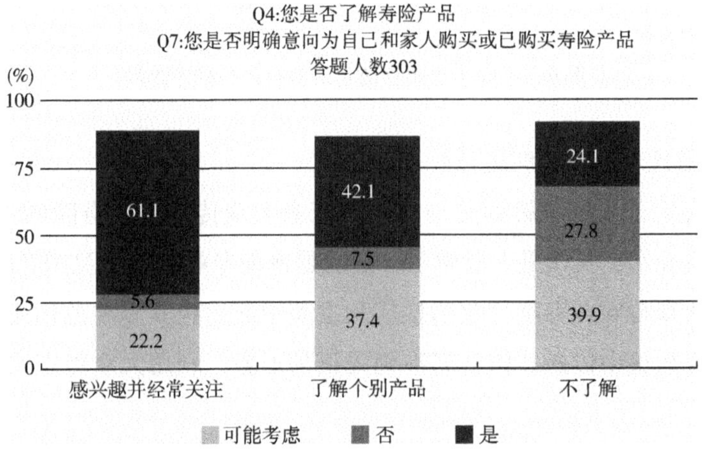

图8　受访者对已购买寿险产品的了解度

6. 从居民理财方式的分析

近年来，居民最主要的理财方式仍为储蓄，其次是基金，保险排在第三位（见图9）。结合受访者是否认为保险有用这一项来看，在认为保险有用的人群中，保险在其投资规划中占有更大比例。居民的理财方式受到传统思想的影响，并且也受个人风险承受能力的影响。众所周知，较高的储蓄率并不利于国民经济的健康成长，保险行业近些年的发展已分散了部分居民的储蓄资产，但是，由于保险行业发展有限，保险对于储蓄的“资产替代效应”或者说是“挤出储蓄”效应仍不是特别明显，居民对于保险的接受程度仍有较大的空间。

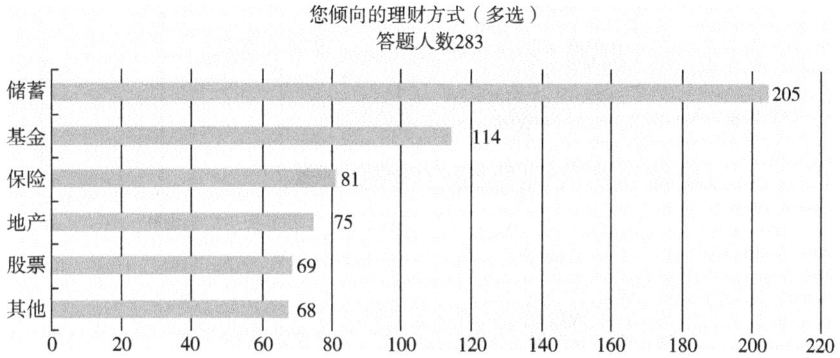

图9　受访者对保险理财方式的认知度

7. 从受访者对保险公司的印象和认为保险是否有用的分析

对保险公司印象好的受访者一致认可保险公司的作用，认为投资性保险产品能储蓄资金，可以满足未来需要和转嫁风险，在发生保险事故后能给予相应的经济补偿，减小事故带来的经济损失。而对保险公司印象很差的受访者来说，大部分人认为保险是有用的，只有少部分人认为保险没有用处（见图10）。对保险公司印象很差又认为保险有用的人，是保险行业非常重要的潜在客户。他们之所以对保险公司印象很差主要有两方面的原因：一方面与保险业务员的素质有很大关系，保险公司业务员的素质参差不齐，难免会搞坏保险市场，因此，人们对保险业务员都很排斥，进而对保险的印象也不会很好；另一方面是理赔方面的问题，多数人对保险合同并不是很清楚，出了一点儿事故就去找保险公司理赔，一旦保险公司拒绝赔偿，他们就认为保险有欺诈行为，对保险公司的印象就不会很好。不可否认，保险行业在目前的发展中确实处于一个形象比较尴尬的阶段，然而，保险作为金融行业三大支柱之一，在金融市场上也是不可或缺的重要部门。况且，近几年保险发展趋势逐渐良好，教育对保险知识的普及与日俱增，当人们对保险多一层次的了解就会发现，保险也是非常必要的。

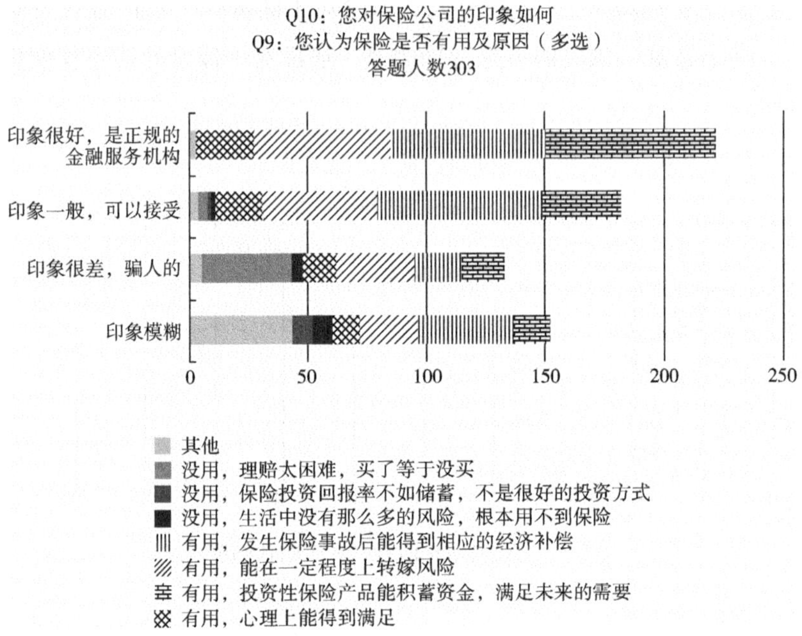

图10　受访者对保险公司的印象和保险是否有用的原因分析

8. 从受访者对从业人员进行评价的分析

近半数的受访者认为保险公司从业人员的素质形象基本合格，33.92%的人认为保险公司从业人员素质形象有待改进，9.89%的人对保险公司从业人员素质形象满意，4.59%的人认为从业人员素质较差。从调查结果不难看出，居民对于保险相关从业人员尤其是营销人员的印象水平一般，对保险从业人员满意的比例不足10%（见图11）。我们认为，这一结果虽是意料之中，但却在情理之外，因为保险行业作为金融行业（第三产业）的一个分支，理应以良好的服务促进成长发展，然而统计结果却不尽人意。保险营销人员代表着保险公司的形象，因此，保险公司营销人员一定要有良好的素质和过硬的专业知识能力。只有做好对保险营销人员的培训和继续教育，提高保险营销人员的软硬件实力，才能有助于他们更广泛、更高效地向居民普及保险行业知识，使保险公司能够在居民心目中树立客观的形象。

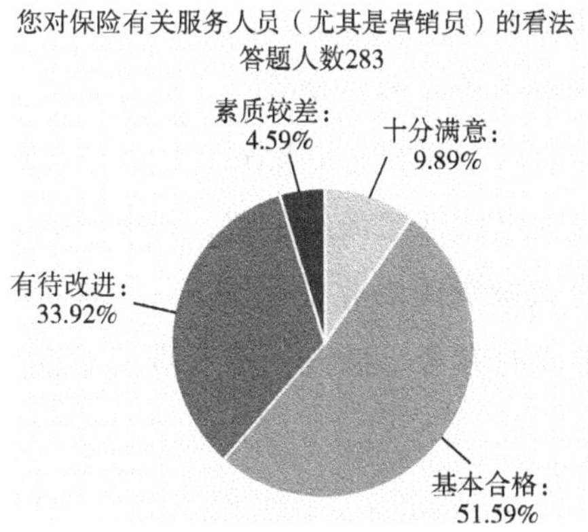

图 11　受访者对保险营销员的看法

（二）从寿险从业人员角度分析

本次调查除了与现行的大部分调查一样，对受访者对寿险行业的认知度进行调查，我们也兼顾了另一个调查方向，对寿险从业人员的行业认知水平做了探索性调查。转换视角，以下从寿险前台人员和寿险全体从业人员两个角度、六个方面分析保险行业发展中的诸多问题，得出了部分有继续研究价值的结论，调研结果统计如下：

1. 寿险前台人员对待客户方面的分析

此项调查分别从前台业务员对客户家庭经济状况了解程度以及对自身业务熟悉程度两个方面进行考察。结果显示，有 71% 的业务员对自己销售的保险产品非常了解，这其中的 20% 非常清楚客户家庭的经济状况，剩余的 80% 仅仅是基本知道客户家庭经济状况；而对自己销售的产品仅仅是基本了解的业务员占了剩余的 29%，他们对客户家庭的经济状况都是大概了解。作为寿险业务员，一方面，他们身份特殊，是代表着保险公司直接与客户打交道，如果他们对自身销售产品的认知仅仅是大概了解的程度，就很难保证为客户提供优质的保险服务，长此以往势必引起消费者对保险行业的误解，制约行业发展。另一方面，对客户家庭经济状况的了解程度直接反映了客户对前台业务人员的信任程度，而目前能保证非常了解业务，同时又获得了客户充分信任的业务员仅占14.2%（71%×20%），这个比例实在太小，反映出寿险业务人员的专业认知度和客户信任度综合水平偏低。

2. 寿险前台人员对待业务方面的分析

此项调查对于业务的认知考察主要关注了一点——最易失败的展业方式。结果显示，71%的人认为电话推销最易失败，29%的人认为是陌生拜访，相对都比较看好动用自身人脉资源展业（见图12）。这个结果可作为各保险公司选取更有效的展业手段时参考，最大程度上避免对客户正常生活的打扰并增强员工的展业信心。

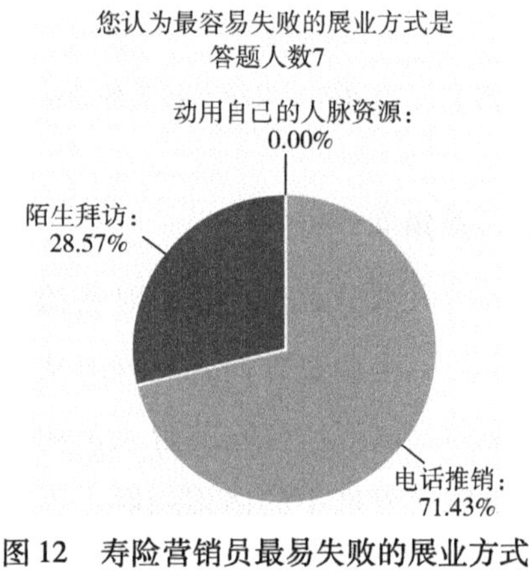

图12　寿险营销员最易失败的展业方式

3. 寿险全体从业人员对待职位待遇满意度的分析

该指标直接影响员工工作积极性。结果显示，寿险前台人员较大比例对自身工作满意度一般，达到43%，而对工作满意和不满意的人数比例持平，均各占28%。寿险后台人员对自身工作较满意的占大多数，有62%，15%觉得一般，23%不满意（见图13）。当然，这样的结果与从业者的工作职责与性质不同有直接的关系，前台业务人员因为有业绩考核，所以工作压力自然会更大。对于保险公司而言，这可以作为薪资水平分配的辅助与参考，而这种职位待遇满意度的决定因素，也还是源于员工对行业的认知与对企业认同的综合考量。

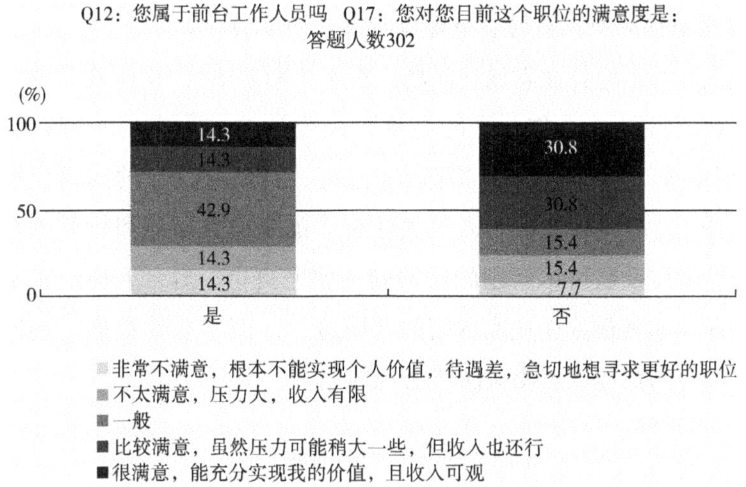

图 13　寿险全体从业人员对待职位待遇的满意度

4. 寿险全体从业人员在本公司投保意愿的分析

对比前台与非前台人员，前台员工投保意愿明显偏低，有 29% 的受访前台员工仅仅因为相关规定而在本公司投保，而比较可喜的是，并没有出现坚决不在本公司投保的答案。这在一定程度上反映出保险公司对前台员工的管理可能只注重了他们的业务能力，却忽略了保险营销员自身也需要风险意识的提升，这种情况使他们将不能更多地从分散风险的角度为投保人提供优质服务，而这一点恰巧是保险企业在转型过程中需要突破的关键点之一。寿险全体从业人员在本公司投保的意愿如图 14 所示。

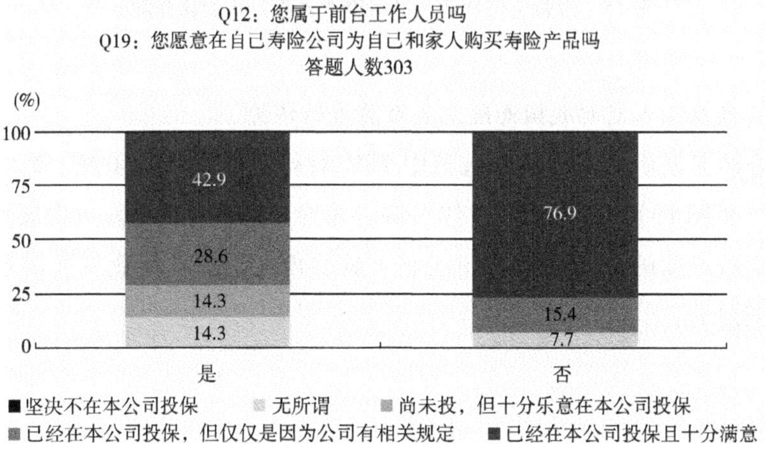

图 14　寿险全体从业人员在本公司投保的意愿

5. 寿险全体从业人员对整个寿险行业认知度的分析

首先是制约寿险行业发展的问题。在4个问题中，“口碑差”和“行业内各寿险企业之间缺少合作，恶性竞争”是公认的较为突出的问题；其次是“资金运用不善”的问题，而“赔付率过高，费率太低”的问题反馈则相对较少（见图15）。另外，前台人员关注更多的是口碑问题和行业恶性竞争问题，对资金运用及赔付率问题的反馈则主要来自中、后台人员。关于“口碑差”的问题，需要保险企业和政府的共同努力，而“恶性竞争”的问题则有赖于监管部门的把控以及相关法律法规的完善。

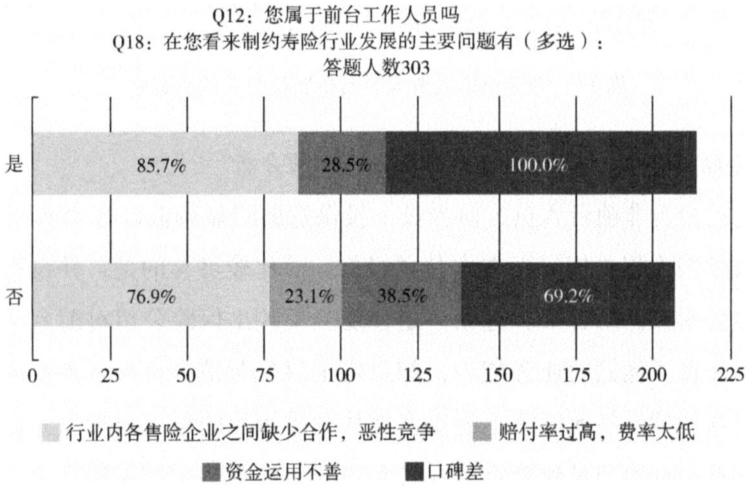

图15　寿险全体从业人员对整个寿险行业的认知度

6. 寿险从业人员对我国寿险业发展前景的评价

调查结果显示，寿险从业人员中75%对行业前景表示乐观，25%是不太清楚（见图16）。也就是从总体上讲，业内人士对我国寿险业发展前景是保持乐观的态度的，至少是站在从业人员的角度，对本行业发展前景的信心还是充足的。

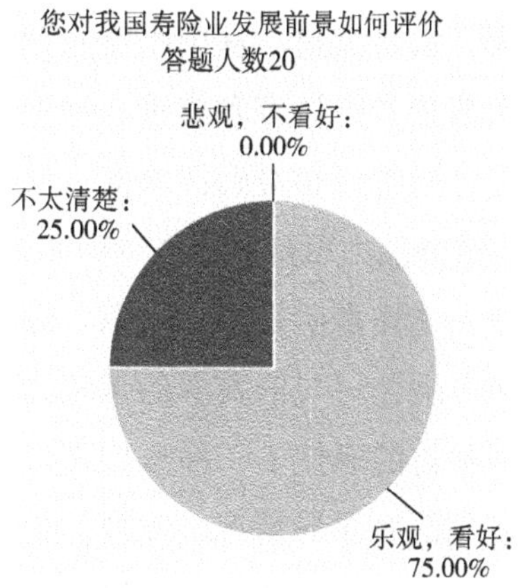

图 16　寿险从业人员对行业发展前景的评价

五、结论

（一）寿险行业发展存在的问题

目前，伴随着我国保险业发展整体面临着的巨大机遇、保费收入继续逐年稳步上升的趋势，以及保险公司在资金运用方面更加灵活的政策出台，保险资金投资渠道逐步开放并多元化，保险的经济助推器和社会稳定器的作用日益凸显。通过上述对关于消费者对北京寿险行业认知度的调查研究，我们仍能从行业发展中看到诸多制约寿险行业健康发展的隐患。

1. 经营从业者面临的问题

保险公司在经营管理中面临诸多问题。一直以来寿险行业始终是粗放式的展业模式，注重规模而忽略效率，注重速度而忽视业务本身的质量。这样的发展模式难以持久，也为寿险公司的长远发展埋下隐患。

第一，保险公司提高综合服务能力任重而道远。保险作为金融业的一部分，更加注重的是服务，但是目前的寿险市场中各大保险公司的产品大同小异，同质化现象严重，导致整体寿险行业产品较为单一，结构失衡，难以满足不同消费者的多元化需求。新华保险公司董事长曾做过形象化的比喻：银行为少林寺，其一招一式，中规中矩；投行为武当，虚实真假，贯穿其中；

保险则是丐帮，人山人海，大出大进。从中不难看出，在金融业中，保险从业者相对而言最不受广大消费者的认可和尊重。加上部分产品本身定价不合理，消费者不知情，保险合同解释相对晦涩难懂，故而部分消费者对寿险行业好评寥寥，所以，保险服务能力可待改进的空间非常大。

第二，提高保险代理人整体素质是当务之急。保险代理人作为保险中介的重要组成部分，是连接寿险公司与消费者的传输带，代表着保险公司的形象和服务。然而，在经济利益的驱使下，部分代理人肆意夸大保险产品本身的价值和收益，存在一定的消费误导情况。此外，仍然存在代理人将保险与各种基金、股票等理财产品进行片面比较，混淆概念，对消费者进行不良的引导，使其产生理解偏差；抑或是刻意隐瞒一些条款信息，含糊解释，未尽解释说明义务。与此同时，鉴于保险公司以保费论成败的绩效考核机制和导向，部分代理人不尽其责，在服务客户的过程中只注重结果和初期的消费引导服务，而忽视过程中的服务和后期续保等各项长期服务。这些问题，使得消费者对代理人不信任程度加深，两者之间难以形成良性互动，这样进一步发展的结果就是行业的整体形象不佳，社会认同度受到严重损害。

第三，回归保险保障的本质需要强化。作为经营者，在寿险行业由市场化向价值化转变的过程中仍然面临严峻挑战。其中包括：预防新的利差损的出现；预防新业务拓展过程中代理人数量持续增长下的素质风险；预防满期给付和退保风险。在面对这些挑战的同时，保险公司要达到长久生存发展的目标，仍应理性把握，切实做好实际工作。高现价业务“短线长配”的模式不可持续，它只适用于在行业景气度回升、经济及资本向好之初。各寿险公司理应保证寿险业保险保障的本质，而不能一味地追求效益和利润，如此才是其安身立命之根本所在。

2. 消费者面临的问题

消费者在寿险市场的发展中逐渐成熟，开始对保险本身及相关寿险产品和知识的了解越来越多，但仍然存在不足。首先，消费者受限于所学专业知识，对于自身的风险判断和风险识别意识不足，难以针对自身情况做出科学合理的估计。其次，消费者获得保险信息的渠道太单一，多来源于保险公司营销人员的介绍和推荐，很多人对寿险产品本身的认识模糊，没有相对清晰的概念，认为保险“什么都保障”，甚至分不清保险产品与非保险产品。而且部分消费者在保险消费上不够理性，或全面排斥，谈保险就将其与欺骗一概而论，一律拒绝，或片面追求其“收益”，而不认真阅读相关条款的相关规定，不认真考察其是否真的适合自己。值得关注的是，由于代理人与消费者之间的信息不对称等因素，两者在沟通协商过程中可能会产生认识的偏差，为以后理赔或者续保留下不必要的隐患或者纠纷。

3. 监管者面临的问题

寿险业作为我国保险业的重要组成部分，保持寿险业的持续和健康发展是保险行业监管机构、行业组织的使命。作为监管者，仍然面临着我国寿险业发展深度和广度有待提高的问题，法律法规尚不健全，行业宣传力度还存在不足，在具体政策的落实方面仍需不断跟进，深入地方监管部门，确保相关政策的稳步落实工作进一步展开。

（二）对寿险行业发展的政策性建议

1. 对经营从业者的建议

第一，树立寿险服务新思维，改善寿险服务生态环境。寿险公司要得到广大消费者的尊重和认可，必须从自身建设和管理出发，提升自身的综合服务能力，更加深入地了解客户、服务客户，积极与客户建立一种和谐、相信、相知、相依、相存的关系。此前寿险业的激励机制注重对新单的开发和保费第一的激励机制，导致寿险营销员在服务过程中只重视初期的服务，后期跟进续保和理赔不及时等问题的出现。经营者应该准确把握寿险业独有的生命服务周期理念，注重全过程、全面、多元化的服务体系建设；同时，寿险企业仍应关注中端消费人群的需求，而不是一味将重心放在高端客户上，适时考虑仍有保险需求的中低端消费群体。此外，针对产品同质化现象，还应注重产品的调整开发，为客户提供多元的服务体验，将关注度适时转移至客户本身，做好全面服务工作，满足不同客户的个性化需求，确保寿险业的持续健康发展。

第二，加强对寿险营销员的管理，优化管理制度。保险营销员群体素质分布不均衡，能力跨度大，但目前寿险营销员素质整体仍然有待加强。经营者应明确认识到这一点，加强对相关人员的集体培训，有针对性地对部分营销员进行深入培训，各大寿险公司可根据自身情况做出适时调整，保证营销员的专业素质有利于提升公司的整体形象，这也是无形中对公司的良好宣传。此外，经营者还可以通过完善相关激励机制，改进相关奖励制度，避免盲目陷入保费第一，但实际业务质量不高的隐性危机当中。

第三，正本清源，立足保障本质。追求利益最大化无可厚非，但保险经营者若想获得长远的发展还是应当立足保险保障的本质。在此基础上，通过创新产品，提供个性化服务，以及其他多种渠道开展自身业务，争取实现利润最大化。在此基础上，寿险业可以运用互联网方式，在确保安全性的基础上，为客户提供更加便捷的全方位服务，加深客户对保险产品的了解，同时扩展自己的业务服务范围和服务深度，使得经营者和消费者之间达成更有效的信息沟通，减少因信息不对称带来的诸多问题。

2. 对消费者的建议

第一，消费者应当从自身实际出发，了解自身及家庭成员的保险需求。在了解保险本质的基础之上进行基础判断和识别。人们年轻时，身体好，消费高，很少有足够的资金足额购买保险，一般只选择定期寿险；几年之后，结婚生子，家庭责任增加，这时人们就面临教育、意外、医疗健康等保险需求；随着年龄增长也就是大约 40 岁时，人们可能会更加注重资产增值，50 岁时更加注重养老保障，60 岁时则开始考虑保证资产的有效传承。消费者应当了解自身所需保障和财务状况，熟悉自身综合情况并能够清晰准确地表达自己规避风险的意愿。

第二，作为一名理性消费者应当避免盲从，主动地了解所购保险产品的相关知识，合理判断，认真阅读合同条款，客观地评价产品本身，必要时应向专业人士求得指导，积极向营销员询问具体合同条款的含义以及日后可能发生的情况。在遇到棘手问题和出现争议时可以通过有关部门及时反映所遇到的问题。当然，如果在购买保险过程中或者后期理赔中遇到保险公司不合理的要求和解释，应当学会与保险公司积极协商沟通或者及时向监管机构反映情况，必要时运用法律维护自己的合法权益。

值得一提的是，保险合同是建立在双方互信的基础之上，作为消费者，也应当坚持诚心的基本原则，实事求是，在合同建立之前尽如实告知等义务。应从自身角度出发，坚持权利与义务相结合，根据自身风险因素程度的不同选择适合自己的寿险产品。

3. 对监管机构的建议

第一，大处着眼，加强对寿险业积极的正面宣传。监管机构应从大处着眼，积极组织行业协会、学会等各保险主体开展对保险的正面宣传，加强对寿险市场的培育，深入推进保险知识的普及，切实从消费者的角度出发，高度重视信息披露。同时，积极开展广泛调研，听取来自消费者、新闻媒体、行业律师、保险公司及相关工作人员的具体意见和建议，把握重点、积极应对，进一步加强保险主体的信息披露管理，公开各项监管信息，让消费者获得更加充实有效的消费信息，积极引导消费者树立正确的保险消费观念。营造消费者放心的保险消费环境，切实改善保险业持续发展所需的内外部生态环境，达到消费者利益、企业利益和社会整体经济利益的和谐统一。

首先，有序规范保险市场。监管机构可通过综合考虑多方意见和建议，审慎推进保险费率一定范围内和幅度下的市场化水平。在此基础上，鼓励寿险公司从客户角度出发，设计多样化的寿险产品，满足消费者多元化的需求，尽量改变寿险保险产品同质化现象。

其次，不断完善法律法规和行政规范细则。无规矩不成方圆，合理有效的法律法规和行业准则是确保寿险业有序、高效发展的必然因素。监管机构应进一步强化与银监局等代理渠道主管部门的协作，规范保险代理市场，在《保险法》等基本法规的基础上，针对具体实务制定相对完整的细则条例，进一步明确保险中介市场的规范。具体可以通过对历年寿险纠纷案件的梳理和对各项投诉的统计，有针对性地对某些共性问题做出明确的、细化的规范。同时，还应加强保险业保护消费者的机制体制，为消费者投诉维权提供高速有效的可行性便捷渠道，并不断健全纠纷调解机制，必要时可以通过社会监督等更为广泛的形式加以实施。与此同时，仍需不断加强行业诚信自律建设和保险企业信用监管，建立健全覆盖全行业诚信激励机制和失信惩戒机制，加大对失信行为的惩戒力度。

第二，从小处着手，协调企业、营销员、消费者三者之间的利益关系。

监管机构应明确寿险保险企业与保险营销员之间的法律关系、利益关系和管理关系，清晰界定彼此的权利与义务，切实保护营销员的实际利益和合法权益。保险营销员队伍要走职业化发展之路，通过推出可行性的学习计划、实习计划和相应的行业考核机制，努力提高寿险营销员的综合素质。在此基础上规范营销员与保险公司、与消费者之间的相互利益关系。进一步加强对寿险保险营销员的销售误导行为和欺瞒行为的管理和处罚力度，如此才能促进寿险营销员队伍的健康成长，增强营销员的职业认同感和责任感，提升其对保险寿险行业的职业忠诚度，促进寿险业保险营销员队伍稳健、长久发展的建设。

参考文献

［1］Bachir，Georges. Insurance Frand Estimation：More Evidence from the Qaudill Auto Insurance Industry［J］. Amercian Economic Review，1997.

［2］中国保险行业协会．互联网保险行业发展报告［M］．北京：中国财政经济出版社，2014.

［3］徐爱荣．中国保险行业发展的瓶颈及对策分析［J］．上海金融学院学报，2014（01）.

［4］孙立明，孙祁祥．保险代理人管理中的信息不对称问题［J］．北京大学学报，2003（01）.

［5］丁文雄．浅谈我国保险代理人制度的沿革与未来［J］．现代经济信息，2015（03）.

［6］孙荣，张宗军．寿险业退保行为及其影响因素实证研究［J］．保险研究，2012（08）.

［7］李文辉．对中国寿险业再发展的思考［J］．保险职业学院学报，2013（06）.

［8］凌秀丽．对中国寿险业转型之路的探讨［J］．中国保险，2013（06）.

［9］孙祁祥，郑伟．经济社会发展视角下的中国保险业——评价、问题与前景［M］．北京：经济科学出版社，2009.

［10］王钰乔．浅谈中国寿险业的销售创新［J］．企业改革与管理，2016（04）．

［11］叶文娟，郑建敏．代理人制度下寿险营销员激励问题研究［J］．保险职业学院院报，2009（08）．

［12］管丽娜．中国寿险个人代理人制度研究［D］．山东大学，2007.

［13］黄薇，杨锋．中国寿险业营销效率评价研究［J］．金融研究，2012（02）．

［14］大众理财顾问杂志研究部．2010 年中国寿险业消费倾向调查报告［R］．2010 – 05.

［15］王希．互联网寿险发展对传统寿险行业的影响［J］．经营管理者，2016（01）．

［16］何玉东，孙湜溪．经济周期视野下的中国寿险业发展态势探析［J］．保险研究，2012（03）．

［17］裴光，林琳，段家喜，李瑞．新形势下寿险业的结构调整——从寿险稽查、举报投诉处理看结构调整［J］．保险研究，2009（08）．

［18］陈文辉，风险管理要兼顾宏观审慎监管和微观审慎监管［J］．中国保险，2011（01）．

［19］孙巧慧．我国寿险消费者权益保护问题研究［J］．上海保险，2015（02）．

［20］裴光．保险业信息披露制度的理论分析［J］．上海保险，2007（02）．

［21］李春燕．我国区域寿险发展水平差异分析［J］．统计与决策，2016（02）．

高校基层院系学业辅导的理念目标与施行层次

——以首都经济贸易大学金融学院为例

常 彪①

【内容提要】 高校的学业辅导工作日益成为提升人才培养质量、丰富思想政治教育内容的有效手段，早已摆脱了纠错补差的传统观念，具有了聚焦学业、统筹学习的特征。以首都经济贸易大学金融学院为例，学业辅导工作需要厘清施行层次，在校级与基层院系间，在基层院系施行内部，明确把握不同对象，不同需求，不同年级和不同边界，做到分类施教，分层执行。

【关键词】 财经类高校　学业辅导　内涵与外延

2012年，教育部简报第179期高度评价了西南财经大学学业指导工作对学生成才的积极意义。西南财经大学以提升大学生学习能力为着力点，以学生学业指导中心为载体，积极构建学生学业指导工作体系。为深入贯彻党的十八大、十八届三中全会精神，深化北京高校教育教学综合改革，2014年12月25日，北京市教工委、教委联合下发的《关于全面推进北京高校学业辅导工作的意见》（以下简称《意见》）指出，高校要进一步提升人才培养质量，通过全面开展学业辅导工作，不断满足学生学业发展和成长成才的需求。

学生的学业发展状况是体现高校办学水平、衡量人才培养质量的重要指标，是学生关注的首要问题；同时，学业辅导也是大学生思想政治教育的有效切入点，对于提高学校人才培养质量，推动学校内涵式发展具有重要意义。

---

① 常彪（1986—），首都经济贸易大学金融学院专职辅导员、讲师，研究方向：思想政治教育、学生团体辅导。

一、学业辅导的内涵与理念目标

国内高校传统的学业辅导往往倾向于“矫治型”，习惯于为学业不良的学生纠错补差，如对“问题学生”的重点教育、严格管理和辅导督促。与此相对应，王秀彦（2011）则提出，发展型学业辅导是新形势下学生工作的新内容，包含了大学生学业适应辅导、学业规划辅导、学业创新辅导、学业发展辅导四位一体的可持续发展辅导模式，在目标上注重积极性和预防性，在内容与过程上注重发展性，并根据各年级学生学业特点设计了内容。

高校要建设高水平的学业辅导工作体系首先要明确学业辅导的内涵。学业辅导主要是针对与学生学业直接相关的学习目标、学业规划、学习方法和资源支持等方面所提供的专业化帮助和指导。最终目的在于教会学生如何学习，帮助学生发展学习能力，从而促进学业成功。可以看出，这里的学业辅导既突出了学业与学习的核心地位，又丰富了传统模式下单一预警与督促的管理手段。

首都经济贸易大学的目标是建设“国际知名、国内一流”的财经大学，当前学校本科生的学业发展总体状况良好，但也存在一些突出问题。一是学习动力问题，部分学生学习目标不明确，不能正常完成学业，对毕业率（学位率）产生直接影响；二是学习发展问题，部分学生有个性化的学习发展需求，需要学校提供有针对性的教学支持和服务；三是学习方法问题，部分学生对学习环境的变化不适应，无法提升学习效果，转化学习应用等。这些问题引起部分学生学业压力、思想负担等连锁反应，在一定程度上影响了学校整体人才培养质量的提高。

首都经济贸易大学金融学院学科专业全部归属于金融学类，其全国排名位于26/429①。建设一流财经类高校，建设一流财经类高校的金融学院，学业辅导在提高学生学业完成比率、深造比率上可以有所作为。在京部分财经

① 邱均平，等．中国大学及学科专业评价咨询报告（2016—2017）［M］．北京：科学出版社等，2016.

类高校学生毕业率和学位率、深造率的对比见表 1 和表 2。

表 1　在京部分财经类高校学生毕业率、学位率的对比

深造率 高校 届别	对外经济贸易大学	中央财经大学	首都经济贸易大学金融学院
2013 届	99.80/99.69	99 以上/98 以上	91.25/86.29 | (96.70/95.05)
2014 届	—	99.30/99.00	92.68/87.92 | (95.19/94.71)
2015 届	—	—	90.94/87.72 | (95.51/95.10)

资料来源：数据均引自各校《毕业生质量报告》。

表 2　在京部分财经类高校学生深造率的对比

深造率 高校 届别	中央财经大学	对外经济贸易大学	首都经济贸易大学金融学院
2014 届	50.94	52.85	26.15/ (31.50)
2015 届	50.69	55.91	29.13/ (42.06)

资料来源：引自各校《本科教学质量报告》和首都经济贸易大学金融学院数据，对部分数据做了调整。

《意见》中明确指出，高校的学业辅导理念目标要做到全面覆盖，即通过学业辅导课程、多种形式的学业辅导活动，面向全体学生开展教育引导；要做到突出重点，即把学业困难的学生和有个性化发展需求的学生作为学业辅导的重点对象；要做到分类指导，根据学生不同的成长阶段、发展状况和学业问题开展针对性辅导，提高学业辅导效果；要做到协同推进，加强资源协同、内容协同和方法协同，形成学业辅导的整体合力。由此可见，学业辅导既要做到惠及个人，又要有所侧重，也就是明确特点，分类施教。

二、学业辅导的外延与施行层次

明确学业辅导的内涵和目标是为了更好地设计方案，分类施教，分层施行。所谓学业辅导的层次是对学业辅导体系认识的深化，涉及两个方面：其一是校级学业辅导与基层院系学业辅导的层次；其二是院系学业辅导内部的施行层次。

校级与基层院系的学业辅导层次主要体现为“三个不同”：其一，工作重点不同，校级学业辅导机构重在营造校园优良学习氛围，并与教务处、研究生部等协调制定鼓励学业进步和开展学业警示的制度和措施等；其二，工作内容不同，校级学业辅导机构旨在保障和督促院系辅导工作运行，汇总共性的问题开展校级层面合作辅导模式等；其三，工作评价不同，校级学业辅导机构工作的落脚点在于学业辅导制度的健全、人员经费的保障和校级协作的沟通，而不是具体比率的考核。总体来说，校级学业辅导的落脚点在于“整体”，而不是“群体”。“整体”一般具有同一性、规范性和协同性。

首都经济贸易大学一贯重视学业辅导工作的开展，逐步摸索建立和完善了学业辅导“12345”工作模式，即通过明确一个理念，建立两项机制，推动三个结合，搭建四个平台，打造五支队伍，提升了学业辅导工作的实效和水平。

相较于校级学业辅导机构，基层院系学业辅导工作往往存在诸多制约，如人员配备严重不足，均为兼职人员，学业辅导工作与日常事务交杂，易受干扰，学生个体需求千差万别的特点突出。基层院系学业辅导工作更加贴近学生，贴近学生的具体需求，要真正做到聚焦主业、关注“整体”中的“群体”，更要把握具体施行逻辑，在工作效率和可操作性上做好文章。

金融学院学业发展辅导中心自2014年4月申请筹建以来，已制定《金融学院学业发展辅导中心方案》《个体学业辅导流程》《个体学业辅导记录表》和《金融学院学业发展辅导中心预约辅导的规定》和《金融学院学业发展辅导中心杰出学子选拔规定》等相关文件，聘请了学院学科系主任、青年博士教师和专职辅导员担任辅导师，陆续为学院本科生开展了有针对性的学业辅导工作。金融学院学业辅导中心重点把握了以下四个层次的工作：

第一个层次，要明确把握不同对象。金融学院学业辅导的工作对象可区分为心理疏导型辅助模式和方法引导型辅导模式，将心理疏导型需求通过学业辅导中心运行机制发现甄别，谨慎划入深度辅导和心理健康工作体系的工作板块（如突发创伤性事件、各类精神类病症等），避免院系学业辅导中心的核心工作转移。基层院系学业辅导中心不做个体的心理咨询师，要努力聚焦学业。

第二个层次，要准确把握不同需求。金融学院学业辅导工作将方法引导型辅导模式设计成拔尖创新型辅导和助学扶困型辅导。拔尖创新型辅导充分利用学院专业青年教师占比高的资源优势，设计学术和学识素养养成计划，因势利导提升深造水平和专业人才培育质量，而助学扶困型辅导侧重于扶助大学生完成在校学业，顺利毕业，而这正是当前高校开展学业辅导的重要施力点，也是基层院系学业辅导中心起步的必经阶段。

第三个层次，要合理把握不同年级的学生。金融学院学业辅导的工作对象包括不同年级、不同专业类别的学生，要做到合理设计方案。大一年级以适应性辅导为主，辅之以执行性辅导，而高年级学生则相反。所谓适应性辅导是指通过氛围的营造、朋辈的帮助和辅导员的督促等，以自我发现为手段，以自我改变为目标，提升群体学业观念的“自觉”，而执行性辅导则是要借助家长的帮助和规范的辅导课程进行干预。

第四个层次，要谨慎把握不同边界。金融学院学业辅导工作团队中包括专业教师、优秀在校生和辅导员群体，要谨慎对接学业辅导中心的工作对象，不缺位、不越界，把握学业辅导的内涵和目标。不做个体的“导师”，而是以教师为主体提供不定向的辅导；不做个体的“督学”，而是以家校协同为手段，协助制定促学方案。

基层院系学业辅导工作需充分遵循以人为本、因地制宜的原则规划施行方案，明确学业辅导工作的内涵与外延特征，针对本院学生的特点、预期和所具备的基础资源，充分利用院系开展学业辅导的资源，完善内部不同层次间学业辅导的模式，使之更适合我校学生的发展需求，更适合我校人才培养的发展方向。

参考文献

[1] 卢桂珍．大学生学业辅导探究［J］．当代青年研究，2010（11）．

[2] 王秀彦．发展性学业辅导——高校学生工作新视点［J］．中国高等教育，2011（15）．

[3] 王达品．大学生学业发展状况与对策分析——兼论高校学业辅导体系的构建［J］．教育研究，2014（05）．

[4] 马力．基于“12345”模式的学业辅导工作探究与实践［J］．北京教育（德育），2016（02）．